语文专题学习设计指导丛书

北京师范大学基础教育合作办学平台核心资源

草堂一鸽是吾师

杜甫诗歌专题

丘小云 ◎ 编著

主　编	张秋玲	郑国民	屈　浩		
副主编	杨　雪	迟超智	张洪玲		
编　委	唐建新	田红艳	吴　泓	苏锦绣	彭莉琼　王中伟
	陈大伟	方孟珅	金英华	吴林俊	王凤瑜　章美玲
	黄勇智	邱晓云	张丽萍	丘小云	夏　敏　黄玉慧
	罗　丹	上官卫红	邱道学	刘志江	王忠亚　谢政满
	麻　琰	迟　旭	刘艳红	金　亚	黄　欣　佘小涵
	张漫漫	光明明	李　克	禹明超	姚舒扬

北京师范大学出版集团
BEIJING NORMAL UNIVERSITY PUBLISHING GROUP
北京师范大学出版社

图书在版编目(CIP)数据

草堂一鸽是吾师:杜甫诗歌专题/丘小云编著.—北京:北京师范大学出版社,2018.11

(语文专题学习设计指导丛书)

ISBN 978-7-303-23059-4

Ⅰ.①草… Ⅱ.①丘… Ⅲ.①中学语文课-高中-教学参考资料 Ⅳ.①G633.303

中国版本图书馆 CIP 数据核字(2017)第 292143 号

出版发行:北京师范大学出版社 www.bnupg.com

北京市海淀区新街口外大街 19 号

邮政编码:100875

印　　刷:北京京师印务有限公司

经　　销:全国新华书店

开　　本:787 mm×1092 mm　1/16

印　　张:11.25

字　　数:218 千字

版　　次:2018 年 11 月第 1 版

印　　次:2018 年 11 月第 1 次印刷

定　　价:27.00 元

策划编辑:张洪玲　　　　　　责任编辑:光明明　姚舒扬

美术编辑:王　蕊　　　　　　装帧设计:王　蕊

责任校对:段立超　陈　民　　责任印制:孙文凯

谈谈专题学习

以语文学科为轴心重建的学校课程结构由专题学习、创意学习、实践学习三个模块构成，其中，专题学习模块立足于每个人都是信息平等的拥有者、接受者、学习者、使用者、创造者和传播者，利用现代信息网络技术构建一个人人得读、人人得写、人人得发表、人人受关注的语文学习环境。它在继承传统语文学习优势的基础上，提出了"阅读经典—成就自我—点亮人生""帮助师生成为更好的自己"的课程目标。"语文专题学习设计指导"丛书中呈现的每一个专题都在阐释"学会阅读"及"在阅读中学习"的理念；同时，尽力将师生隐性存储的阅读经验，借助相关技术手段进行了可视化呈现，旨在促使读者能通过隐性经验的借鉴，成就自我，彰显独特，做"唯一"的自己，成为集体中不可替代的个体。

一、什么是专题学习

本套丛书所说的"专题学习"是语文专题研究性学习的简称。专题研究性学习是针对语文学科中值得探究的学科知识、问题进行专门的调查与探究，最终由学生依据调查过程与探究结果，得出符合常识、情理、逻辑的探究结论。有了探究结论之后，再把探究的过程、运用的方法和获得的结论用规范的文章样式、撰写成具有一定专业性、学术性、综合性较强的探究小论文。

专题仅是模块组合的一种教学单位（单元），是基于互联网的技术手段研发的一种新型课程形态（见图1）。它以学生不同阶段身心特点、认知策略、思维品质中亟待解决的"根问题"为内核（图1中心点的学习问题），筛选、整合学习材料（图1中箭头向内的文本 $1\cdots\cdots n$），利用互联网即时、交互、存储的强大功能，运用发现学习和随机介入的教学法，实现学生自主、合作、探究的个性化学习，以增益学生心智、养成精神品质、积淀生命智慧、发展"辐射—聚合"式立体言语思维为宗旨的语文课程形态。

二、专题学习的特点

与传统语文学习进行比较，模块课程下的专题学习具有以下六个鲜明的特点。

1. 言语思维

霍华德·加德纳的多元智能理论将人的智能分为九种，不同的人会因外界环境，特别是家庭环境的影响而表现出一种或几种智能偏好。多元智能理论中的语言—言语

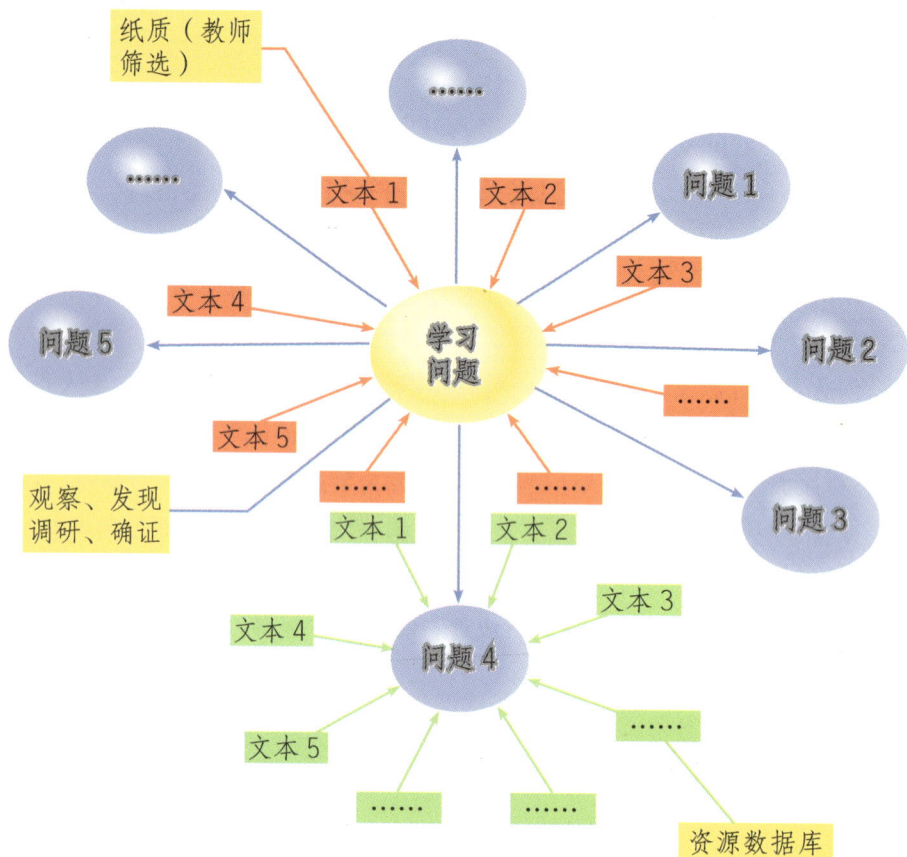

图1　模块课程·专题学习的课程形态

智能是与语文学习联系最为紧密的一项智能结构，是人之所以为人的核心智能，也是20世纪20年代俄国心理学家维果茨基在他的《言语与思维》中提出的"言语思维"。言语思维不是言语加思维，而是言语通过它表达思想的一种媒介机制，思想运动到词的过程就是在这里完成的。这就决定了语文的学习不能仅仅拘泥于听、说、读、写这些可视化技能的发展，而是要突破局限，关注影响听、说、读、写水平高低的言语思维的成熟度与发展水平，没有言语思维的成熟与发展，听、说、读、写的发展就成了无源之水、无本之木。据此，专题学习构建了"思维为主线，读写为两翼"的课程逻辑，"读—思—写"三位一体的课程框架，围绕语文核心素养的四个层级，由外至内、由显至隐地确定了"阅读者—思考者—思想者"等促进言语思维机能发展的三个层级。

2. 完整经典

所谓"完整经典"，是相对于一百多年来语文教科书中的节选课文而言的，专题学习主张在通读一篇无删节的文章，或一本完整的书的基础上，结合阅读中发现的问题进行系统的、有序的拓展阅读。阅读中，建立起把"这一"问题放到整篇文或整本书的宏观布局中进行思考，在比较与联系中增进思维的广度和深度。"完整经典"的外延是宽泛的，不仅仅是文学作品，也包括哲学、科学、历史等各领域的经典之作，例如，蒋廷黻的《中国近代史》、法布尔的《昆虫记》、霍金的《果壳中的宇宙》、斯维拉娜·亚历塞维奇的《切尔诺贝利的回忆：核灾难口述史》等。这些都可成为专题学习的阅读材料。

3. 专题研读

"专题研读"是专题学习实践层面的特点。专题是指"专门研究或讨论的题目"，是以"题"（问题、话题、课题、主题）为最小学习单位及学习起点组合而成的一组学习材料；研读不是指学术意义上的为研究而阅读，而是指个体借助阅读材料不断修正认识，调整思考，完成学习的过程。专题是为了集中，研读则是为了深入。"集中"体现在学习内容的集中、学习时间的集中和学习专注力的集中。"深入"则体现为对学习材料做读进去、跳出来的穿透式阅读，对问题进行触及本质的纵深思考。

4. 读写一体

专题学习中的"写"与"读"一脉相承。每一个专题学习都是在 15～25 天的时间内，围绕一个人，或一类作品、一个问题、一个事件等反复阅读，弄清楚所读问题的来龙去脉。读是写的前提和基础。"读"是在学习他人如何发现问题、观察问题、确定问题、分析问题、论证问题、得出结论，是学生积累知识、积累经验、积累思想的过程；"写"是内化、吸收、继承、超越与创造，是学生在自己的文字中利用从"读"中学来的方法，积累的语言，形成的思想，用自己的文字向他人表达思考，传递思想，是对学生有没有创造力和想象力的考量。

5. 随需而教

随需而教的"需"是指处于真实情境，解决疑难时的学习之"需"，是学生阅读时遇到的具体而微的真问题、真困难。随需而教中常用的策略是"变"，包括学习之变和资源之变两个方面。学习之变体现在学生初步接触学习材料时形成的浅认知会随着阅读的持续、累积而走向对问题的深层思考，"教"也必然随着"学"之变进行调整。"教"还会随着资源之变而调整，一是依据特定群体学生的问题及学习需要对前期准备好的学习资源进行调整与更换，这是由学习问题变化带来的文本之"变"；二是依据学生的学力水平对学习资源进行的抽换与增补，这是学情之"变"引发的"教"之变。此"变"要求教师必须具备针对学情之变及时调整课程内容、学习进度、教学策略的能力。

6. 网络平台

网络平台是专题学习得以实施的技术保障。进行专题学习，需要在网络平台上利用移动互联网、大数据、云存储建立起一个个虚拟教室，学生可根据自己的学习偏好选择虚拟班级进行学习，可以利用虚拟班级中的资源数据库、作业提交、交互问答、讨论空间、学习仪表盘、智能评估等工具，在丛书各个专题的导引下，自主完成选定的专题，从而实现个性化的语文学习。

三、开始一个专题的学习

每一个专题均由专题方向、专题准备、专题实施、专题评价四大板块构成，每个板块又有一些具体的栏目。下面结合丛书的整体设计对各个板块和一个个小的栏目详细说明，以便顺利开始一个专题的学习。

(一)专题方向

当你翻开这本书时，首先看到的便是"做一个阅读者"，或"做一个思考者"，或"做一个思想者"三个方向中的一个，这是专题的定向，即要求完成这个专题的学生在各层级的哪些方面必须有所增益。这是基于维果茨基的"言语思维"理论学说，结合16年对青少年言语思维发展特点的观察研究而确定的。在开启一个专题的学习之前，学生首先就要弄清楚如何才能把自己变成一个真正的阅读者(思考者或思想者)；成为"××者"要学习哪些基本策略；掌握了这些基本策略、完成了专题中编排的学习活动与任务后，自己能独立做些什么事情。

1. 做一个阅读者

阅读者是一个理性而谦逊、能将文本特质与生命思考进行有机融通的人。他能依据阅读目的、文本类型，自动、灵活、快速、有效地使用不同阅读策略，熟练地完成预设的学习任务；或者能依据阅读期待，设计激励自我持续阅读，借助文字探索未知、获取新知、解决问题、完善自我、发展思维、涵养精神，是一个能够通过阅读独立完成知识更新，拥有过去、现在和未来的人。

一个阅读者能在学习并掌握了精读、研读、泛读、略读、速读、跳读、读图、聆听、信息加工等能力后做到：(1)定期、定时阅读；(2)主动记诵日常生活中能恰当、准确表达思想的词汇、语句；(3)阅读中能随时做圈点批注，摘录文中的关键信息及主要观点；(4)坚持在写读书笔记中积累能支持自己判断或观点的证据；(5)能在较短的时间内迅速获取重点信息；(6)能依据文本内容的显性信息进行整合，给文章撰写摘要；(7)能在文本与自我、与其他文本、与世界之间建立起合理的联系；(8)能独立发现文本中的矛盾与空白点；(9)能运用文本中的显性信息与隐性信息推测出文本未言之事/情，得出合理的结论；(10)能围绕一个问题查询、收集、甄选阅读材料；(11)能将常用的学习资源及学习网站进行分类管理及有序存储；(12)能对阅读材料进行基本的分类；(13)能通过阅读更新知识、修炼自我。

在阅读者这个层级中，学生需在教师的帮助下完成从"学会阅读"向"在阅读中学习"的过渡与转变，为接下来成为思考者和思想者做知识、能力、态度三方面的学习准备。

2. 做一个思考者

思考者是能够在日常生活中，依据当时当地的具体情境想办法、出点子、动脑筋解决真实问题的人；也是能够在纷繁复杂、杂乱无序、隔离割裂的事物之间建立起逻辑联系，在深入比较、系统分析的基础上，找到事物之间的共性规律，并从共性规律中探求事物本质的人。

"做一个思考者"要求师生共学、合作完成、发展出在多维视角、不同视野、异质思维下关照同一生活事件、社会现象的能力。一个思考者能运用观察、判断、推理、预测、排序、比较、分类、辨别、调查、建模等思维能力做到：（1）能集中注意力专注于一个特定的任务；（2）能发现他人发现不了的问题，或观察到他人没有观察到的现象；（3）能依据事物发展中呈现出来的不同状态，对事物的发展趋势做出清晰的判断与推理；（4）能对众人认可的观点提出自己独到、合理的判断，并给出充分的理由；（5）能利用文本中的关联信息，对文本内容进行推理，提出可行的假设或得出可靠的结论；（6）能在阅读、讨论中关照他人（同伴）的意见或看法；（7）能够依据占有的信息，根据当时的情况，迅速做出抉择，取其一而舍其余；（8）能与同伴进行有理有据、有逻辑的讨论与辩论；（9）能态度温和、理据充分地驳斥他人不合理的观点或结论；（10）能够计划、筹备一个大型的学习活动，并动员同伴参与。

在这个能力层级，专题学习中的每一个学习指令、学习任务、学习问题，都是为了满足学生思考与探索中的个性化学习。经历了如此思考与探索，学生当能在真实的思考互促中完善自我，成为一个精神自由、思维独立的思考者。

3. 做一个思想者

思想者是一个能够自己主宰自己大脑，不轻易将他人的谬误、讹传装进大脑的人；是一个能从纷繁复杂的信息中披沙拣金、拨云见日的人。这样的人无论在怎样的情境中，基本都能够站在客观、中立的立场上摆脱盲从，运用自己的思考洞见事物真貌，做出理性判断，形成独立见解，发表独到观点。

一个思想者能够运用概念、概括、分析、说明、解释、陈述、描写、论证、转述、举例、评析、演说等表达能力，有逻辑地做到：（1）能基于生活事件、社会现象表达自己独到的观点；（2）能有条理、逻辑清晰地表述自己的见解；（3）能用不同的表达方式解释或表达见解；（4）能从繁杂的信息中辨析某类信息的合理性；（5）能就某一观点，理据充分地表达见解；（6）能对生活事件、社会现象进行辩证性评析；（7）能对群体中的分歧进行融合理解，提出一个能令分歧双方均能接受的方案；（8）能自觉、主动地反思已完成的学习任务，从中吸取教训，总结得失。

在这个层级，要求师生一起成长，能洞察未知，具有远见卓识，不人云亦云，不老生常谈，不以讹传讹，能用精准、恰当的语言表达体现自己独立思考、精神自由的真见识、真观点、真思想。

（二）专题准备

"专题准备"是开启一个专题的学前准备阶段。学生要按照书中的要求或规定做好专题学习的各项准备。

（1）依据自己的真实学习水平，完成学习力调查问卷，确定自己的学习层级——基础层级、拓展层级、挑战层级。

（2）按任务类型购买笔记本及学习用纸，并对笔记本进行记录分区。

（3）按要求，按版本购买阅读书目。

（4）阅读在线课程手册，同时熟悉网络平台上的各功能按钮。

（5）建立云端学习空间，依据课程手册的要求完成空间的分类。

（6）明白该专题的学习价值，需提交的阶段性学习成果、评价方式及标准，终结性学习成果、评价方式及标准。

（7）明白专题学习资源的类型及层级。

①学习资源的类型

a. 原作研读。"原作"包括文章与书籍，是专题学习最为基础的学习材料；"研读"就是通过教师的带读、导读，把学生引回到文化的起点，让学生沉进文本，用自己的心理触觉"还原"经典作品的要义。专题学习融进了"以史解经典""以理释经典""以情悟经典""以生命读经典"的方法论，这些方法需要学生在研读中慢慢融通成一种内在的学习力。

b. 背景材料。背景材料包括作者传记、生平轶事、创作心理、思想波动、时代语境等。它的功能是帮助学生以"己意"去"逆"作者或作品之"志"。在"逆"的过程中，既不能完全抛弃学生的"现在视域"，也不能把作者的"初始视域"简单地纳入自己的"现在视域"，而是要把这两种不同的视域融合起来，形成一个融作者视域进入"我"之视域的全新视域，在不断追寻作品之意、作者之志的过程中，形成自己独到的阅读诠释。

c. 鉴赏解读。鉴赏解读渗透的是"缀碎为整"的方法论，鉴赏解读的学习材料多是针对原作中的某个学习点进行鉴赏、解析。在此可以读到不同学者对同一作品（者）的解读、辨析、评述。学生可以通过阅读这类文章甄别他人的观点，整合众人的思考，形成有据判断，做到横向拓展，纵向挖掘，在借鉴、接纳、吸收中提升批判与创新的思维意识，形成独立解决问题的能力。

d. 互文比读。互文比读是一种以文解文的重要阅读策略。在阅读这组文章的时候，学生将运用比较、联系、求证的思维方式，在不同的文章之间寻找相关（似）点或差异点，同时在文章与文章之间勾连出外部揳入与内部自洽形成的卯榫结构，在由读而写、由写而读的反复过程中，在这组文章中往返来回穿梭几次，拓宽思维的宽度与厚度；在对比类推、举三反一的过程中，发展就事论理的能力，让自己建立一个多感官联动的立体思维模式。

e. 学生习作。学生习作是专题学习中不可或缺的重要资源，这些同龄人的学习成果是学习与效仿的最佳对象。这些习作能帮学生打开思维的触角，延展思维的广度，提供研读与写作的参考角度，同时，也能帮学生建立自信、突破自我。它告诉我们，只要依据本书的步骤，遵循教师的指导，完成1～2个专题之后，谁都能写出这样有独到见解的优秀习作。这些习作有的是对专题学习材料中提供的研究结论进行的质疑、驳斥，校正、完善；有的是对一些常识性的理解与问题提出的新思考；有的是对某一个事物进行考证后，利用新证据对已有结论进行的物证补充。总之，凡入选学习成果的习作，除考察语言表达是否精准、论证是否严谨之外，更重视习作本身能否反映学生对所论问题的个性化思考与深度论证。

②学习资源分层

基于前期的实验数据，丛书中的每个专题均对原作（著）、背景资料、鉴赏解读、互文比读等4类学习材料依据学情及文本难易进行了"基础阅读""拓展阅读""挑战阅读"的层级划分。基础阅读是底线，是要求班内所有学生进行精读、研读的必读文本；拓展阅读是发展差异，学生可依据个人的阅读能力、理解水平、学习偏好，根据自己的实际需要，按要求、有目的、有针对性地进行必读与选读文本的自由搭配；挑战阅读是鼓励创新，如果拓展层级的学习未能解决学生的问题，他就可以到专题学习的网站自由选取资源包中的学习材料进行自主学习与创作。为挑战阅读选编的学习材料、设计的学习任务，已不是一般意义上的材料与内容，多是针对特定的研究点，辑录专家学者在这些研究点上进行的多维研究。这些资源只是让学生知道，针对这一问题还杂存其他不同的声音，需要在甄选中思考。

(8)通读学习目标，选定自己的学习目的地。

学习目标是学生学的目标，不是教师教的目标，是指在专题学习的慢推、慢导、慢学、慢思的过程中，个体对自选学习内容达成度的预设，强调的是个体想学什么，如何学，学到什么程度。依据《普通高中语文课程标准》(2017年版)设计的语文核心素养层级，丛书将每个专题的学习目标从语言目标、思维目标和价值目标三个角度进行设定。

①语言目标

语言目标中的学习内容及目标要求，是依据前期的实验数据设定的保底目标。每个专题所选学习材料均具有个性化的言语形式、独到的言语思维、特定的"情－思－意"品质等规律性的语言知识。只有在这个专题中能遇到这些规律，这需要依据个体的大脑认知图式尽可能多地积累、整合、存储、内化这些代表作品生命力的动态语言素材。学生可以在保底目标的基础上，依据学习力增减数量与难度，为自己设定一个适合的语言学习目标。

②思维目标

思维目标重在依据个体的思维偏好，教给学生基本的思维策略，培养思维能力，优化思维品质，提升思维水平，重点开发学生"分析、评价、创造"等高阶言语思维能力。专题学习语境中的思维能力专指言语思维，是作家在特定作品中呈现出来的个体思维方式，这种思维方式与作家个性化的言语风格、言语特色密切相连，它借助独特的言语单元——词义，在每个作家的言语与思维之间建立起了固定的匹配关系，它使读者一看到言语方式就大体能确定是谁的作品，这是在专题学习中重点学习的内容。学生在积累个性化言语表达思维的共性与规律性知识中形成自己独到的思维风格，并有意识、有针对性地加以培养。

③价值目标

价值目标是对语文核心素养中"审美鉴赏与创造""文化传承与理解"的整合表述。每个专题的价值目标，均是依据具体的专题内容，针对个体学生成长中所需要的关键的、少数的、必要的因素进行的概括与提取，是"你之所以成为你"具体的差异化价值。学生一般都能从每个专题中找到与自己的生命密码相匹配的文化基因，种下一颗烙着自己生命印迹的"审美鉴赏与创造""文化传承与理解"的种子。这颗种子蕴藉着一股引爆精神力量的"炸点"，这个"炸点"就是学习此专题的价值目标。

（三）专题实施

这个板块是专题学习的核心。为了更精准地描述专题学习对当下语文学习的翻转，体现出与传统语文学习不同，丛书引入了一些概念。这些概念是整个专题学习研究团队和丛书编著团队几经研讨、争论而确定的。

1. 课段

与大家熟知的课时不同，"课段"是指在专题学习持续进行中，完成一个相对独立的知识点或能力点、态度点所必需的时间段。一个课段需要多少课时是不固定的，一般是依据学习任务的难易、学生的基本学力进行弹性计划与调整。课段可长可短，长的可长到数十天，短的可短到数十分钟。无论是数十天，还是数十分钟，只要完成了一个相对独立、完整的"点"就是一个课段。

2. 学习任务

专题学习中的"学习任务"或学习活动均安排在课文之前，学生选择完成。课文与任务匹配是相对固定的，任务仅仅是各类学习材料的黏合剂，在各课段之间建立起读—思—写的逻辑联系，使前一个课段产生的学习成果自然转成下一个课段的学习资源。

3. 师生共学

"师生共学"主张师生是一个学习共同体。在这个共同体中，教师与学生一起探讨、学习一种能解决相关问题的策略，师生一起面对新的学习情境、问题语境，针对同一问题/任务，相互辩难、相互支持、相互鼓励，共同营造出一个适于师生共同提升的学习时空，共商问题解决、任务完成的渠道与途径。在如此的教学现场，教师不再是知识的代言人和宣讲者，而是学习过程中的观察者、协助者、陪伴者、喝彩者和分享者。

4. 师者助读

"师者助读"一般是针对那些难度较大，但又不能更换，依靠学生原有阅读能力难以读通、读懂的课文而设计的阅读指导，提供的阅读策略，点出的阅读重点。它是根据课文的难易度匹配学力水平而设计的，是一个极其灵活的小栏目。

5. 同伴分享

"同伴分享"的材料均出自学生之手，是为专题中的"学习任务""问题探讨""质疑思考""讨论分享"等示例的作答内容、方向和方式。这些编选在"同伴分享"栏目中的作品并非都是优秀学生的作品，有许多是在班级中经常不被关注的孩子的作品。可以说，专题学习给了那些被忽略的学生一个发掘潜能、展现自我、脱颖而出的机会。这些被分享的作品有一个共同点，即它们都是学生在阅读中形成的独特思考，有些甚至能够在质疑"权威"的同时给出有理有据的逻辑分析。

6. 小贴士

"小贴士"是针对专题学习过程中可能遇到的问题、需要的策略、学过的知识、生活的常识而设计的，在此仅起提醒的功能，供需要者自行选用。依据我们的实践经验，这些问题、策略、知识、常识并非是所有学生都需要的，只是一部分甚至几个学生需要。这些小贴士可帮助需要者进行不间断的持续的学习。

（四）专题评价

专题学习在重视成绩、强调进步、关注发展的同时，更看重学生在自我检讨、自我反思的过程中完成规定及自选学习任务时的自我管理，看重学生在获得新知、增进学力、发展心智、增益精神中的生命成长。由于完成一个专题的时间跨度多在 15～25 天内，对于心智尚未成熟的学生而言，遗忘是很正常的。专题评价为帮助学生克服前学后忘的弊病，设计了专题回顾、师生反思两个栏目。

1. 专题回顾

"专题回顾"环节依据学校周边及所在地域的社会资源，结合专题学习内容设计了综合性学习活动，意在敦促学生通过完成 1～2 个感官联动的真实、综合的学习任务，回顾、梳理在"这个"专题中学到的新知识、新技能、新思维、新习惯，并将其转化为后续学习的认知策略。与专题实施中各课段的学习任务相比较，专题回顾中学习任务的整合性与综合性更强。它重视真实生活中已有问题的再现设计，寄望学生能运用真知识、真技能、真策略参与真实问题的解决过程。

2. 师生反思

鉴于专题学习中"精彩的发言瞬间消失、课堂生成难以复现"的遗憾，教师会从教的角度，学生会从学的角度进行反思。反思的内容可以是指出问题、总结经验、分析得失、评点优劣、言说感悟。丛书中每个专题所附师生反思，除示例外，还有提醒和喻诫的作用。提醒即将做此专题的师生规避该"师生反思"中描述的教学缺憾，喻诫学习推进中可能遭遇的障碍与困难。

　　编写这套丛书的初衷缘自心疼孩子，想让孩子在这套丛书中学得有效、有趣、有料、有聊、有品、有质，今天这个夙愿终于实现了。丛书从四个方面呈现了编著者的思考：一是示例。专题学习的理论概括与实践探索已被写进了《普通高中语文课程标准》(2017年版)，这套丛书以案例的形式呈现了课程标准中的诸多概念是如何在教学实践中得以落实的，丛书涉及的每一个专题都是课程标准中一个学习任务群的代表性案例。二是引路。此次《普通高中语文课程标准》(2017年版)颠覆性地重构了"学习任务群"，将专题学习作为主要的学习路径加以提倡与力推，这套丛书就是将学校、师生、家长从"此岸"摆渡到"彼岸"的渡船。三是探路。专题学习作为当前语文教学困厄的突围之举，虽然得到了业界人士的普遍认可与赞同，但就我国语文教学的现状及师资素质而言，距离在全国进行大规模推广还有一段很长的路要走。据此，丛书确定了师生互教共读、教学相长的推广理念。四是试水。专题学习的另一个追求是为教师与学生的发展提供个性化的成长环境，协助他们发展成更好、更棒的自己。为了达到上述四个目的，也为了使日后践行专题学习的老师们能按图索骥，不再摸着石头过河，我们在总结团队每一位教师教学实践的基础上，研制出这套设计与实施专题学习的基本框架。

　　专题学习是一趟让你既能学得有趣，又能发展独立思考，还能获得好成绩的学习旅行；是一场想学、能学、耐学，按个体时速、尽自己所能不断向前奔跑的语文马拉松，每一个有坚持、有耐心、不放弃的学生，都能在奔跑中抵达自己的终点。在这场马拉松赛中，教师最要做的就是陪伴在那些能力较弱、成绩较低、步速较慢的学生左右，协助他们在漫长、孤寂的奔跑中抵达终点，享受阅读、质疑、思考、创作带来的喜悦，体验"会当凌绝顶，一览众山小"的感动和振奋！

CONTENTS 目录

1 专题方向

做一个阅读者

做一个阅读者

阅读是一种理解、吸收和探究的思维活动，阅读是一种由阅读者根据不同的目的，对阅读行为加以调节控制，从而获取知识、培养技能、陶冶情操、提升修养的主动过程。

阅读者，是信息的获取者。获取者会出于求知、发展的需要，从多角度、运用多种方法去获取信息。在阅读过程中，直接经验和间接经验融合，生成新的经验。

阅读者，也是思考者。思考者在阅读中发现问题，在解决问题的过程中，通过思考、质疑、对比来拓展思维的深度和广度，体会作品的思想和情怀。一个真正的阅读者，会选择恰当的阅读材料，运用相对应的阅读方法，对信息进行思维加工，获得独到的解读。一个真正的阅读者，会将书中所蕴含的文化底蕴"内化"为自己的精神气质，使自己思维更活跃，胸怀更宽广。

阅读者，也是表达者。一个真正的阅读者，会将阅读与写作相结合，用文字表达阅读感受，并与他人分享。

在这样的阅读理念指导下，我们将开展杜甫诗歌专题的学习。

杜甫，被称为"诗圣"，是因为其诗歌艺术的高超绝伦，道德修养的崇高，是因为他用诗歌记录了那个时代的盛与衰，悲与苦，将对所处时代的独特理解作了深刻的表达。杜甫被尊为"诗圣"的原因值得我们去探究；杜甫诗歌所具有的历史影响力、文学感染力，值得我们去体悟；杜甫忧国忧民的情怀，仁民爱物的博大胸襟，应为我们继承和发扬。

我们将在这个专题，开展以问题为导向的有深度、有创意的专题阅读。我们将从高中教材有关内容出发，结合成都杜甫草堂的人文积淀，整合杜甫在成都遗留的人文资源，在参观访问、网络阅读等活动中多角度地理解并评价杜甫诗歌。通过对杜甫诗歌的解读，剖析杜甫借助诗歌传递出的情感轨迹；通过阅读有关杜甫的传记，追寻"诗圣"足印，聚焦"诗圣"内心；通过研读杜甫诗歌的鉴赏文章，感受杜甫诗歌的思想和艺术特点，感受"诗史"所折射出的时代风云；通过读写结合，将"诗圣"的情怀熔铸到自己的精神与灵魂中。最终丰富古诗积累，加深对杜甫及杜甫诗歌的体悟，提高阅读素养，发展思维，丰富精神世界，从而体会到作为"阅读者"的真正内涵和快乐。

我们将通过 21 课时的专题学习掌握以下知识技能：诵读诗歌，能通过语音、语调表达诗的情感；学习问题导学法，能把问题转化为值得研究的题目；运用"知人论世"的方法，对杜甫进行研究，加深对杜甫之所以被称为"诗圣"的理解；掌握比较阅读法，比较杜甫不同时期的诗歌；比较杜甫和他人的诗歌，从不同的角度，比较两篇或多篇诗文，进行深度阅读；掌握读诗的基本方法，抓"诗眼"，品味语言，分析杜甫诗歌语言的特点，分析杜甫诗中的形象；能创意地表达学习成果，会写小论文、随笔、诗歌鉴赏文章。

2 专题准备

一、学情分析

　　元认知理论认为，关注学生最近发展期，对学习情况作恰当的定位，有助于更好地学习。为了明确诗歌学习方向，请学生做附录中的测试题，并就测试结果作自我分析。学习完整个专题后，作对照分析，记录下自己的进步。下面是同龄人的测试结果，也许对你的分析有帮助。

　　成都市金牛区在 8 所专题学习实验校开展了学前检测，结果如下。

　　1. 关于对杜甫生平的了解。同学们基本了解杜甫所生活的历史时期和在文学史上的重要地位，但对于杜甫受的儒家思想影响和仕途受挫的经历并不是非常了解。由此看出，同学们对杜甫核心思想的形成、因人生波折而引起诗歌风格的变化乃至最终形成现实主义风格缺乏细致的了解。

　　2. 关于对杜甫诗歌风格的了解。同学们对杜甫诗歌的总体风格有基本了解，但是对杜甫诗歌的阅读量还不够。

　　3. 关于对杜甫诗歌思想内容的了解。从测评结果看，同学们对杜甫诗歌忧国忧民情怀的主旨了解是较充分的，但对杜甫不同生活时期的诗歌所表达的思想了解还不够。这依然暴露出同学们对杜甫诗歌的阅读偏少，深度阅读不够，尤其对杜甫在安史之乱中思想的矛盾处了解不足。

　　4. 关于对杜甫诗歌鉴赏能力的测评。从检测结果来看，一部分同学是从写景的作用的角度去鉴赏诗句，没有从炼字的角度去细品诗歌的语言及语言所蕴含的思想情感，对于杜甫诗歌以乐景写哀情也缺乏了解。对诗人情感的分析，多数同学只答出了"孤独伤感"，不能答出"激愤"，原因在于对杜甫的生平和思想缺乏了解。

　　综合以上情况来看，多数同学对杜甫有一定的了解，对杜甫作为伟大的现实主义诗人和忧国忧民的情怀了解较充分，但对于杜甫人生经历的变化及由此所引起的思想变化和诗歌风格的变化却缺乏认识，有必要通过专题阅读，全面地了解杜甫的生平，了解其思想情感的变化，了解其语言风格，从而提高古诗鉴赏能力，激发对经典的热爱，获得人格的力量及思想的成长。

二、阅读材料

（一）原作研读

1. 基础阅读

《春夜喜雨》、《秋兴八首》（其一）、《堂成》、《茅屋为秋风所破歌》、《客至》、《羌村三首》（其一）、《月夜忆舍弟》、《登岳阳楼》、《咏怀古迹》（其三）、《春望》、《江畔独步寻花》（黄四娘家花满蹊）

2. 拓展阅读

《秋兴八首》（其七、其八）、《羌村三首》（其二、其三）、《登高》、《石壕吏》

3. 挑战阅读

《江南逢李龟年》、《旅夜书怀》、《兵车行》、《丽人行》、《自京赴奉先县咏怀五百字》、《北征》

（二）背景材料

冯至：《杜甫传》（节选）

莫砺锋：《杜甫评传》（节选）

（三）鉴赏解读

1. 基础阅读

宋黎黎：《仲春好雨喜煞人——杜甫〈春夜喜雨〉赏析》

徐艳秋：《浅谈〈秋兴八首〉（前三首）中的秋景与悲情》

周智文：《运用比较法赏析〈春望〉和〈望岳〉》

叶嘉莹：《叶嘉莹说杜甫诗》（节选）

2. 拓展阅读

苏铮：《杜甫〈秋兴八首〉读后》

毛素文：《"沉而不郁，悲而不伤"——对杜甫〈秋兴八首〉中沉郁顿挫诗

风的体验》

刘婷：《遭际实可叹，深情更动人——杜甫〈羌村三首〉赏析》

迟乃鹏：《还〈石壕吏〉中老翁和石壕吏两个人物的历史本来面目》

萧涤非等：《唐诗鉴赏辞典》

张玉明：《时空交错　情景相融——杜甫〈登高〉结构艺术美赏析》（节选）

刘宁：《唐宋诗学与诗教》（节选）

3. 挑战阅读

叶嘉莹：《叶嘉莹说〈自京赴奉先县咏怀五百字〉》（节选）

杨星丽：《杜甫〈旅夜书怀〉的诗格理论分析》（节选）

闻一多：《唐诗杂论》（节选）

（四）学生习作

吴馨怡：《月夜记子美》

王朝鑫：《咏杜少陵》

刘冬梅：《文字画像——我心目中的杜甫形象》

胡欣：《秋风里的杜甫》

李露：《梦回草堂》

吴馨怡：《芳墨半纸　情动一世》

龙莹：《曲水簪花曳帐中丽人骄——读〈丽人行〉》

侯瑶：《草堂一鸽是吾师》

三、学习目标

（一）语言目标

1. 丰富语言积累。以理解、背诵杜甫各个时期代表作中的名句为基本要求，在此基础上自主背诵自己喜爱的杜甫诗歌或名句。

2. 丰富语感。通过品读，了解杜甫诗歌语言平和、形象、精练的特点，感受杜甫诗歌沉郁顿挫的风格。

3. 提高表达能力。选择和运用恰当的方式展示学习成果，学习创新表达阅读收获、感受。

（二）思维目标

1. 能够通过联想、想象，分析和体会诗歌的意象、意境。

2. 能学习借鉴他人的赏析文章，触类旁通，发展求异思维、发散思维，拓展思维深度。

3. 能够运用知人论世的方法，深入理解杜甫的诗歌的内容及形式，拓展思维广度。

4. 能够运用比较思维，从不同的角度对两篇或多篇诗文进行深层阅读，提升自己的阅读水平。

（三）价值目标

1. 了解杜甫诗歌"以诗记史"和"以史入诗"的文史价值。

2. 感受杜甫的圣哲情怀，认识杜甫诗歌忧国忧民的思想价值。

3. 感受杜甫诗歌沉郁顿挫的艺术风格形成的原因，体会杜甫诗歌的语言美。

4. 在研读的过程中体悟自主学习与小组合作的价值和意义。

3 专题实施

第一课段　初读诗歌，生成问题
第二课段　自读传记，知人论世
第三课段　研读评论，鉴赏诗歌
第四课段　比较阅读，品读风格
第五课段　班级交流，成果展示
第六课段　写作实践，个性表达

第一课段 | 初读诗歌，生成问题

这是杜甫诗歌专题的起始课段。这一课段选择了杜甫不同时期的诗作——《春夜喜雨》、《秋兴八首》（其一）、《石壕吏》、《堂成》、《茅屋为秋风所破歌》、《江南逢李龟年》、《客至》、《羌村三首》（其一）、《月夜忆舍弟》、《登岳阳楼》、《咏怀古迹》（其三）、《春望》、《江畔独步寻花》（黄四娘家花满蹊），作为整个专题的基础。此课段学有余力的同学可以选读《丽人行》等表现杜甫较为复杂深沉的思想情感的诗歌，理解其诗语、诗意、诗史、诗理。

阅读中，同学们可从诵读入手，再进行研读。通过解读标题、诗句等进行感知、理解，想象和再现诗歌的意象、意境；同时运用圈点勾画批注的方式，留下阅读、理解、思考、质疑的痕迹。熟记杜甫诗歌中的名句和你喜欢的句子。在独立阅读思考的基础上，生成研读问题。

本课段建议 3 课时。

一、研读诗歌：聚焦"诗圣"世界

学习任务

1. 熟练背诵杜甫诗歌中的名句：

丛菊两开他日泪，孤舟一系故园心。〔《秋兴八首》（其一）〕

随风潜入夜，润物细无声。野径云俱黑，江船火独明。（《春夜喜雨》）

安得广厦千万间，大庇天下寒士俱欢颜，风雨不动安如山！呜呼！何时眼前突兀见此屋，吾庐独破受冻死亦足！（《茅屋为秋风所破歌》）

画图省识春风面，环佩空归月夜魂。〔《咏怀古迹》（其三）〕

2. 诵读本课段的诗歌，通过语音、语调、节奏，读出自己对诗歌情感的理解。

3. 参阅《唐诗鉴赏辞典》等书读懂《春夜喜雨》《秋兴八首》等诗，旁批自己的理解，初步感受杜甫诗歌的特点。

春夜喜雨

好雨知时节，当春乃发生。

随风潜入夜，润物细无声。

野径云俱黑，江船火独明。

晓看红湿处，花重锦官城①。

秋兴八首②（其一）

玉露凋伤枫树林，巫山巫峡气萧森。

江间波浪兼天涌，塞上风云接地阴。

丛菊两开他日泪，孤舟一系故园心。

寒衣处处催刀尺，白帝城高急暮砧。

石 壕 吏

暮投石壕村，有吏夜捉人。

老翁逾墙走，老妇出门看。

吏呼一何怒，妇啼一何苦。

听妇前致词，三男邺城戍。

一男附书至，二男新战死。

存者且偷生，死者长已矣。

室中更无人，惟有乳下孙。

有孙母未去，出入无完裙。

老妪力虽衰，请从吏夜归。

急应河阳役，犹得备晨炊。

夜久语声绝，如闻泣幽咽。

天明登前途，独与老翁别。

---

① 锦官城，成都.

② 大历元年(766)秋在夔州作.

堂　成

背郭堂成荫白茅，缘江路熟俯青郊。

桤林碍日吟风叶，笼竹和烟滴露梢。

暂止飞乌将数子，频来语燕定新巢。

旁人错比扬雄宅，懒惰无心作解嘲。

茅屋为秋风所破歌

八月秋高风怒号，卷我屋上三重茅。茅飞渡江洒江郊，高者挂罥长林梢，下者飘转沉塘坳。

南村群童欺我老无力，忍能对面为盗贼，公然抱茅入竹去。唇焦口燥呼不得，归来倚杖自叹息。

俄顷风定云墨色，秋天漠漠向昏黑。布衾多年冷似铁，娇儿恶卧踏里裂。床头屋漏无干处，雨脚如麻未断绝。自经丧乱少睡眠，长夜沾湿何由彻？

安得广厦千万间，大庇天下寒士俱欢颜，风雨不动安如山！呜呼！何时眼前突兀见此屋，吾庐独破受冻死亦足！

江南逢李龟年

岐王宅里寻常见，崔九堂前几度闻。

正是江南好风景，落花时节又逢君。

客　至

舍南舍北皆春水，但见群鸥日日来。

花径不曾缘客扫，蓬门今始为君开。

盘餐市远无兼味，樽酒家贫只旧醅。

肯与邻翁相对饮，隔篱呼取尽馀杯。

羌村三首（其一）

峥嵘赤云西，日脚下平地？

柴门鸟雀噪，归客千里至。

妻孥怪我在，惊定还拭泪。

世乱遭飘荡，生还偶然遂。

邻人满墙头，感叹亦歔欷。

夜阑更秉烛，相对如梦寐。

月夜忆舍弟

戍鼓断人行，边秋一雁声，

露从今夜白，月是故乡明。

有弟皆分散，无家问死生。

寄书长不达，况乃未休兵。

登岳阳楼

昔闻洞庭水，今上岳阳楼。

吴楚东南坼，乾坤日夜浮。

亲朋无一字，老病有孤舟。

戎马关山北，凭轩涕泗流。

咏怀古迹（其三）

群山万壑赴荆门，生长明妃尚有村。

一去紫台连朔漠，独留青冢向黄昏。

画图省识春风面，环佩空归月夜魂。

千载琵琶作胡语，分明怨恨曲中论。

春　　望

国破山河在，城春草木深。

感时花溅泪，恨别鸟惊心。

烽火连三月，家书抵万金。

白头搔更短，浑欲不胜簪。

江畔独步寻花

黄四娘家花满蹊，千朵万朵压枝低。

留连戏蝶时时舞，自在娇莺恰恰啼。

师生共学

1. 批注的内容

(1)抓意境、意象。如"自在娇莺恰恰啼"中的意象"娇莺"。

(2)分析表达技巧。可以从表现手法、修辞角度分析。如"感时花溅泪，恨别鸟惊心"，花落泪、鸟惊心是用了拟人的修辞手法，是情和景交融。

(3)品味诗歌作者的炼字、炼句。欣赏用词的准确、精当，解析语言表现力，感悟作品的立意和思想感情倾向，及语言创造出的意境。

比如，杜甫写三峡江流有"众水会涪万，瞿塘争一门"的句子，用一个"争"字，突出了三峡水势之惊险。再如"群山万壑赴荆门"，用一个"赴"字突出了三峡山势的雄奇。这可说是一个有趣的对照。

2. 批注方法

(1)摘记式批注。查找资料，查阅工具书、参考书，将收获写在空白处。如《羌村三首》(其一)中"感叹亦欷歔"一句中可批注对"欷歔"一词的查阅内容："欷歔"，指叹息、抽咽声。三国曹植《卞太后诔》："百姓欷歔，婴儿号慕。"

(2)提要式批注。用精练的语言在空白处写上诗词的大意和情感。如阅读《登岳阳楼》可批注：自己老病孤舟，晚景凄凉，却依然关注着国家战乱，登楼忍不住流泪，这表现了杜甫忧国忧民的情怀。

(3)质疑式批注。在一边赏读一边生疑时及时旁批下自己的疑惑，如果自行解决了，则将答案或结论补批在问题的旁边。

示例：《咏怀古迹》（其三）"生长明妃尚有村"，颇有点出人意料，如此不平凡的起句只能用于"生长英雄"的地方，用在"生长明妃"的小村子似乎不适当。我的理解：王昭君自恃美貌，不肯贿赂画工，最后远嫁匈奴，身葬绝域。她的故事令人悲愤。汉元帝不辨美丑，使得她怨恨"帝始不见遇"，哀叹红颜薄命。古时，像这样的"怨妇"形象很常见。"山水逶迤，钟灵毓秀，始产一明妃。"杜甫对她似乎很尊重。也许正是为了抬高昭君这个"窈窕红颜"，要把她写得"惊天动地"，所以才借高山大川的雄伟气象来烘托她。这样看来，"生长明妃"的小村子也不平凡，不比"生长英雄"的地方差哟。

同伴分享

成都市二十中的李明灏同学阅读《羌村三首》（其一）时，批注了自己对所读诗作意境再现、人物心理等方面的思考。

"柴门鸟雀噪，归客千里至。"一个"噪"字独具匠心地表现出环境的萧索荒凉以及诗人内心欣喜与担忧并存的复杂情感，并通过与首句的华美之景的对比，使其更具感染力。

"妻孥怪我在"，诗人将人物情感的变化作为轴线，妻儿与至亲久别重逢应是喜笑颜开的，但他们的第一反应却是"怪"，显然还没有心理准备来面对这一事实，以致不喜反怪，当镇静之后才流下了饱含多年辛酸悲苦的眼泪。那么，为什么会出现这种不符合常理的现象呢？战乱时期，在战场上马革裹尸，与亲人天人永隔者并不少见，能够活着回家已是出乎意料。诗人用"偶然"这个极富深意的词表现了战争的无情以及自己劫后余生的感慨。"凭墙相望"这一不符合中国传统待客之道的现象，表现出诗人与妻儿过于专注对方而忽略了客人的存在，以及邻里对诗人杳无音讯的感叹。

"夜阑更秉烛，相对如梦寐"，诗人在诗的结尾描写秉烛而坐相对无言的情景更是耐人寻味，在看似无言中所表达的情感，纵有万语千言也难以道尽。

二、记录疑难：生成导读问题

学习任务

1. 借助注释及对相关诗歌的解析文章，解决研读诗歌时产生的疑问，记录没有解决的问题。

2. 比较、甄别、筛选、整合有效问题，以利于转化为研究题目。

师生共学

在自主研读诗歌时，同学们产生的疑问，一部分借助工具书等得到了解决，还有一部分疑问没能解决，这些疑问就是进一步阅读研究的触发点。但是并非所有的疑问都符合语文专题学习的要求，所以我们先要明确语文专题学习中问题有无价值的判断标准，然后用这些标准甄别同学们提出的疑问是否具有进行专题学习的价值。如不符合，则进行修改。

1. 探究问题的价值。

在阅读诗歌产生疑问后，思考这些疑问在杜甫专题学习中是否都有研究价值，是否都很适合探究。

示例：(1)杜甫如此困苦，为什么还要结婚，生很多孩子？这样更加重了自己的负担啊！

想一想：这个问题与语文专题学习有没有紧密联系？

(2)杜甫年轻时，心中的雄心壮志跃然纸上，而到后来，却忧国忧民，为什么他泯灭了自己胸中的壮志？

想一想：这个问题反映出阅读者什么样的误读？

(3)杜甫是个极富才华的人，却没能实现自己的政治理想，这说明了什么？

想一想：如果我们要探究这个问题的话，需要涉及哪些方面？

(4)杜甫究竟是为当官而了解人民的凄苦，还是因为人民的凄苦而去当官？

想一想：这个问题提得好不好？如果好，好在何处？如果不好，为什么？

(5)唐代长安是繁华而美丽的，为什么杜甫不多描写长安的繁华，却写了很多伤感的诗？

想一想：这个问题提得好不好？如果好，好在何处？如果不好，为什么？

(6)杜甫对征兵感到悲痛却又支持征兵，到底是怎样想的？

想一想：这个问题的表述恰当吗？可以怎么修改呢？

2. 具有研究价值的问题应具备以下特征。

(1)在正确解读诗歌的前提下，在自主阅读过程中产生的未能解决的疑惑。

(2)与杜甫诗歌专题学习紧密相关，并可在现有能力和途径下通过深入的阅读和研究解决的。

(3)通过解决这些问题能够加深对杜甫及其诗作的理解，能够获得某种学习策略、方法，能够提升某方面的思维品质。

(4)表述语言简洁、通畅，问题指向明确、具体。

同伴分享

成都市二十中的同学们确定了五个问题，第一个来自真实感受，第二、第四个能够促进深入研究，第三个抓住了杜甫专题学习的核心问题，第五个与核心问题密切相关。所以，五个问题都是有价值的问题。

1.《石壕吏》只是客观地叙事，为什么却给读者以很震撼、很深刻的感受？

2.《丽人行》中无一句抒情及讽刺，又是如何达到讽刺的最佳效果的？

3. 为什么杜甫被称为"诗圣"？他的诗歌为什么被称为"诗史"？

4. 杜甫诗作在意象选择上有什么特点？

5. 杜甫诗作的艺术风格有什么独特之处？

三、确定选题：围绕专题研究

1. 把阅读中产生的问题转化为研究问题。

2. 确定自己的研究选题。

师生共学

问题还需要转化成选题，为后面的阅读研究提供基础和方向，所以要探讨将问题转化成选题的原则和方法。

对下面四个问题进行提炼整合，形成一个研究题目。

1. 杜甫为什么那么想当官？仅仅是因为想报效国家吗？

2. 杜甫为什么做官的愿望如此强烈，以至于低声下气地去附和他人？

3. 为什么杜甫一直把希望完全寄托在皇帝身上，而不自己干一些实事？

4. 既然杜甫知道统治者欺压百姓，使其生活在水深火热之中，为什么还拥护朝廷？他是站在人民一边还是站在皇帝一边？

前两个问题聚焦在杜甫寄望官场，希望做官，反映出他受儒家入世思想影响，胸怀兼济天下的抱负，可以整合为"杜甫诗歌中的入世思想"；后两个问题都涉及杜甫思想的局限性，这种局限有时代因素，无法改变，不能苛求，可以整合为"杜甫诗歌的时代局限性"；再将这两个方面进行整合，形成一个比较大的研究题目：杜甫诗歌中的入世思想和时代局限性探究。

但是这个研究题目比较大，难度也比较大，觉得能够把握的同学不妨做一些尝试；觉得有困难的，也可以选择前述四个问题中的一个来研究。例如：浅谈杜甫的仕途观，杜甫对皇帝与百姓的情感初探，"诗圣"的思想局限性初探。

将问题转化为研究的题目要遵循哪些原则呢？

第一，切入点要明晰，知道向哪个方向研究。比如，"杜甫是一个怎样的人"，这个问题中"怎样的人"所指就不明确，是思想，生活，还是文学成就、经历生平、仕途？这样的切入点显得空泛，研究无从入手。所以，要使切入点更明确一些，更小一些，比如，"从杜诗看杜甫的忧国忧民情怀"，可缩小为"从杜甫在四川时期的诗歌看杜甫思想情感的变化"。

第二，要从语言和文学的角度确定题目，即范畴要明确。人们经常说文史哲不分家，在进行语文专题学习时，不可避免地会涉及历史和哲学范畴的研究，这些都是正常的。但是有些问题超出了这个范围，则要坚决摒弃，比如，有同学的问题是杜甫有几个孩子，这些孩子后来怎样了，这就超出了语文学习的范畴；还有同学问杜甫流亡时期使用什么交通工具，为什么会向四川湖北一带走，这更多地涉及地理知识，也不属于语文学习的主要范畴。

第三，题目要能起到建立联系的作用，也就是说，它能够建立起篇目之间的联系，或是一篇之内内容之间的联系。比如，"《丽人行》的最后一个诗句有什么意义及作用"，这个问题只涉及一首诗的一个诗句，更像一个问答题，研究的空间太狭窄，难以作进一步的阅读研究。

第四，还要注意聚焦专题学习的主要目标和核心内容，从而使其有研究的价值。比如，"与杜甫具有同样思想的杜甫的知己们却没有成为'诗圣'，是他们的文学素养还不够吗？"这个问题的聚焦就不太准，重心没有放在杜甫，偏离了杜甫专题学习的核心内容。可以修改为"在众多志同道合的好友中唯有杜甫成为'诗圣'的原因探析"。另外，在表述上，研究的题目也不能以问句的形式出现，要用陈述句式。

同伴分享

下面是成都市二十中的同学们确定的 12 个研究题目，这些题目具有以下特点：第一，表述语言比较规范、精练。第二，既有对单篇作品的探究，也有对一类作品的探究；既有对思想内容、情感的探究，也有对艺术技巧、风格特色的探究。第三，有的聚集到对一篇作品中某一个点的探究，比如，"《丽人行》中讽刺效果探究"，由于切入点小，比较容易驾驭，也有利于深入探究。

1. 杜甫诗歌在安史之乱前后的风格变化初探
2. 浅析杜甫流亡经历对其诗歌创作的影响
3. 杜甫诗歌中疑问句的特点及作用探究
4. 《丽人行》与《兵车行》描写角度及手法对比研究
5. 杜甫诗歌中意象群的使用初探
6. 杜甫诗中抒情方式的研究
7. 探究杜甫诗中对比手法的使用

8. 杜甫诗中矛盾心理的体现及成因探究

9. 杜甫漂泊时期诗作风格变化的研究

10.《丽人行》中讽刺效果探究

11. 在成都时期杜甫诗歌思想情感的探究

12. 杜甫诗沉郁顿挫的分析

第二课段　自读传记，知人论世

阅读诗歌时，既可以由作家和其所处的时代了解作品，也可由作家、作品读解时代，还可由作品、时代读懂作家，这些均属知人论世。诗歌中蕴含的情感和彰显的艺术特色，与作家的生活及其时代背景，有着极为密切的关系，只有知其人、论其世，才能客观准确地把握作品的思想感情，做出正确评价，同时，通过解读诗歌又可以加深对作者、对社会的认识。

本课段运用知人论世的方法学习杜甫诗歌。"知人"就是通过阅读《杜甫传》等相关文章，对杜甫进行多角度研究，包括家庭背景、人生经历、交友范围、所受思想影响等方面；"论世"，就是通过阅读《杜甫传》等相关文章，对杜甫所处的时代背景进行研究。

本课段我们将运用浏览、写摘要等方法，自主阅读《杜甫传》（节选），探究杜甫的经历、人格与诗品的关系，准确把握杜甫作品的价值和意义，在深入理解杜甫诗歌的基础上还原一个鲜活的"诗圣"。

阅读速度快、基础好的同学，可以阅读莫砺锋的《杜甫评传》（节选），思考为什么集诗歌大成者是杜甫，而不是同时代的其他人；还可以根据自己的研究选题自主选择相关阅读材料，做好阅读笔记。

本课段建议 3 课时。

一、浏览传记：追寻"诗圣"足印

学习任务

1. 独立阅读冯至的《杜甫传》（节选），旁批杜甫成为"诗圣"的原因。

2. 运用"知人论世"的方法，简要分析选文中杜甫各个阶段的代表作，体会杜甫诗歌"以史入诗"、"写民间疾苦"的意义。

3. 解析《堂成》《客至》《茅屋为秋风所破歌》等诗，体会杜甫在成都时期诗风的转变，体会这个转变与生活环境的关系。

《杜甫传》[①]（节选）

冯 至

长安十年

唐代的长安是一座规模宏大的京城。东西十八里一百一十五步，南北十五里一百七十五步，全城除去城北的皇宫和东西两市，共有一百一十个正方形或长方形的坊，坊与坊之间交叉着笔直的街道。它自从五八二年（隋文帝开皇二年）建成后，随时都在发展着，到了天宝时期可以说是达到极点。里边散布着统治者的宫殿府邸、各种宗教的庙宇、商店和旅舍，以及公开的和私人的园林。唐代著名的诗人很少没有到过长安的，他们都爱用他们的诗句写出长安地势的雄浑、城坊的整饬、统治阶级豪华的生活和日日夜夜在那里演出的兴衰隆替的活剧。杜甫在他三十五岁时（七四六年）也到了长安，但他的眼光并没有局限在这些耀人眼目的事物上；他……在这些事物以外，还看到统治集团的腐化和人民的痛苦。他在一首给张垍的诗里说他多年漫游所得的结果是"适越空颠踬，游梁竟惨凄"。他在洛阳经历了许多人间的机巧；如今他到了长安，主要的目的是希望得到一个官职。他和佛教的因缘不深，王屋山、东蒙山的求仙访道是暂时受了李白的影响，无论是家庭的儒术传统或是个人的要求都促使他必须在政府里谋得一个工作的地位。他的父亲由兖州司马改任距长安不远的奉天（陕西乾县）县令，也许是使他西去关中的附带原因。不料在长安一住十年，他得到的并不是显要的官职，而是对于现实的认识，由此他给唐代的诗歌开辟了一片新的国土。

这时的政治正显露出日趋腐化的征象。李隆基作[②]了三十多年的皇帝，眼看着海内升平，社会富庶，觉得国内再也没有什么事值得忧虑，太平思想麻痹了他早年励精图治的精神。这个年过六十的皇帝，十几年来迷信道教，不是亲自听见神仙在空中说话，就是有人报告他在紫云里看见玄元皇帝（即老君），或是某处有符瑞出现，使他相信他将要在一个永久升平的世界里永

---

① 冯至．杜甫传．天津：百花文艺出版社，2007．有删节．
② 今多用"做"．

生不死。同时他又把自己关闭在宫禁中，寻求官感的享乐，终日沉溺声色，过着骄奢无度的生活。他把一切政权都交付给中书令李林甫。李林甫是一个"口有蜜腹有剑"的阴谋家。他谄媚玄宗左右，迎合玄宗的心意，以巩固他已经获得的宠信；他杜绝讽谏，掩蔽聪明，以完成他的奸诈；他忌妒贤才，压抑比他有能力的人，以保持他的地位；并且一再制造大冤狱，诬陷与他不合作的重要官员，以扩张他的势力。因此开元时代遗留下来的一些比较正直的、耿介的、有才能的或是放诞的、狷介的人士，几乎没有一个人不遭受他的暗算与陷害。杜甫所推崇的张九龄、严挺之都被他排挤，离开京师，不久便先后死去；惊赏李白的天才、相与金龟换酒的贺知章也上疏请度为道士，归还乡里；随后李邕在北海太守的任上被李林甫的特务杀害，左丞相李适之贬为宜春太守，不久也被迫自杀；与李适之友好、后来与杜甫关系非常密切的房琯也贬为宜春太守。这时的长安被阴谋和恐怖的空气笼罩着，几年前饮中八仙的那种浪漫的气氛几乎扫荡无余了。李林甫以外，政府里的人物不是像王鉷、杨国忠那样的贪污，就是像陈希烈那样的庸懦。——杜甫初到长安，漫游时代的豪放情绪还没有消逝，他在咸阳的旅舍里度天宝五载的除夕时，还能和旅舍里的客人们在明亮的烛光下高呼赌博。但等到他和长安的现实接触渐多，豪放的情绪也就逐渐收敛，这中间他对于过去自由的生活感到无限的依恋。一种矛盾的心情充分地反映在他长安前期的诗里：一方面羡慕自由的"江海人士"，一方面又想在长安谋得一个官职，致使他常常有这样的对句：上句说要脱离使人拘束的帝京，下句紧接着说不能不留在这里。尤其是从外面回到寂寞的书斋，无论在风霜逼人的冬日，或是望着渭北的春天，他终日只思念着李白；孔巢父从长安回江东时，别筵上他也一再托付他，向李白问讯。他这样怀念李白，就是羡慕李白还继续着那种豪放的生活，而他自己却不得不跟这种生活告别。

唐玄宗终日在深宫里纵情声色，对于外边的情况一天比一天模糊，从一个精明有为的帝王变成了一个糊涂天子。他有时偶然想到人民，豁免百姓的租税，但那些贪污的权臣的横征暴敛比他所豁免的要超过许多倍。七四七年，他诏征文学艺术有一技之长的人到京都就选。李林甫最嫉恨文人和艺术家，因为这些人来自民间，不识"礼度"，他恐怕他们任意批评朝政，对他不利，于是摆布阴谋，让这次应征的举人在考试时没有一人及第。揭晓后，他反而上表祝贺，说这足以证明如今的民间没有剩余的贤能。玄宗也只好这样受他蒙混。杜甫和诗人元结(七二三—七七二)都曾经参加过这个欺骗性的考试。杜甫本来把这次考试看成他唯一的出路，并且以为一定能够成功，不料得到这样的结果，所以他在诗里一再提到这件伤心事，等到七五二年李林甫死后，他更放胆说出他几年来胸中的悲愤：

> 破胆遭前政，阴谋独秉钧(指李林甫专权)；
>
> 微生沾忌刻，万事益酸辛。
>
> ——《奉赠鲜于京兆二十韵》

这是杜甫在李林甫的阴谋政治里遇到的打击，同时他私人的经济情形也起了大变化。他父亲可能在奉天县令的任上不久便死去了；他在长安一带流浪，一天比一天穷困，为了维持生活，他不能不低声下气，充作几个贵族府邸中的"宾客"。当时有一小部分贵族承袭着前代的遗风，除去在他们的府邸园林中享受闲散的生活外，还延揽几个文人、乐工、书家、画师作为生活的点缀。他们在政治上不会起什么作用，可是据有充足的财富，随时给宾客们一些小恩小惠。宾客追随着他们，陪他们诗酒宴游，维持自己可怜的生计；有时酒酣耳热，主客间也仿佛暂时泯除了等级的界限，彼此成为"朋友"。杜甫就作过这样的宾客。他除此以外，还找到一个副业，他在山野里采撷或在阶前种植一些药物，随时呈献给他们，换取一些"药价"，表示从他们手里领到的钱财不是白白得来的。这就是他后来所说的"卖药都市，寄食友朋"。这些"友朋"中最重要的是汝阳王李琎和驸马郑潜曜。他写诗赠给他们，推崇他们，说他们对待他是——

> 招要恩屡至，崇重力难胜。
>
> ——《赠特进汝阳王二十韵》

但实际的情况却在另一首诗里说得清楚：

> 朝扣富儿门，暮随肥马尘；
>
> 残杯与冷炙，到处潜悲辛！
>
> ——《奉赠韦左丞丈二十二韵》

············

长安北渭水上的咸阳桥连接着通往西域的大道，统治者用暴力征发来的兵士开往边疆都要从这里经过。杜甫曾经亲自看到过士兵们出发时的情景，他们的父母妻子拦道牵衣，哭声震天。他问一个兵士到哪里去，那兵士说，他十五岁时就到过北方防守黄河要塞，好容易盼着回来了，如今满头白发，又要开往边疆营田，准备和吐蕃作战，抛下家里的田地反倒没人耕种，可是县官又来催租，真不知租税从哪里凑得起来。杜甫看着这凄惨的景象，听着这悲凉的谈话，再也遏制不住他心头的痛苦了，他写出他第一首替人民说话的诗：《兵车行》。在这首诗里他提到生产力的减少：

> 君不闻汉家山东二百州，千村万落生荆杞。
>
> 纵有健妇把锄犁，禾生陇亩无东西。

提到统治者驱使人民，有如鸡犬，同时对于租税一点也不放松，最后想象出西方战场上的情况是：

> 君不见青海头，古来白骨无人收，
>
> 新鬼烦冤旧鬼哭，天阴雨湿声啾啾！

这时杜甫正在四十左右，他四十以前的诗存留下来的并不多，一共不过五十来首，其中固然有不少富有创造性的诗句，但歌咏的对象不外乎个人的遭遇和自然界的美丽与雄壮。随着《兵车行》的出现，他的诗的国土扩大了，里边出现了唐代被剥削、被奴役的人民。《兵车行》以后，他又写出《前出塞》九首，他一再地对于侵略性的战争提出疑问。他说："君已富土境，开边一何多？"又说，"杀人亦有限，立国自有疆。"

在这政风腐败、边疆失利、民生渐趋凋敝的时代，玄宗奢侈的生活却有加无已。春天带着贵妃和杨氏姊妹从南内兴庆宫穿过夹城游曲江芙蓉苑，冬季到骊山华清宫里去避寒；贵妃院和杨氏五宅日常享用的丰富，出游时仪仗的隆盛，达到难以想象的地步，"进食"时一盘的费用有时能等于中等人家十家的产业。至于斗鸡、舞马、抛球……那些外人难明真相的宫中乐事，给民间添了许多传说，给诗歌传奇添了许多材料，但是这中间不知隐埋着多少人民的血泪。杨氏姊妹荒淫无耻的生活，使杜甫难以忍受了，他毫无顾忌地写出《丽人行》，描画她们丑恶的行为。

这是杜甫在长安真实的收获：他的步履从贫乏的坊巷到贵族的园林，从重楼名阁、互竞豪华的曲江到征人出发必须经过的咸阳桥，他由于仕进要求的失败认识了这个政治集团的腐败，由于自身的饥寒接触到人民的痛苦。

…………

他决定接受这个职务后，又到奉先去探视一次妻子。这正是唐朝成立以来统治集团的奢侈生活与人民所受的剥削都达到前所未有的高点的时刻，随着频年的水旱成灾，人民的生活比起开元时代好像翻了一个大筋斗，贫富的悬殊一天比一天尖锐。杜甫在十一月里一天的夜半从长安出发，当时百草凋零，寒风凛冽，手指冻僵，连衣带断了都不能结上。他如今有了这么一个小小的官职，可以说是长安九年内不断地献赋呈诗所得到的结果，他一路上便把这些年的生活总括起来检讨了一遍。他想起他在长安内心里常常发生的冲突，他本来可以像李白那样，遨游江海，潇洒送日月，但他关心人民，希望有一个爱护人民的政府，他把这希望完全寄托在皇帝身上，所以他舍不得离开长安，他觉得自己好像倾向太阳的葵藿，本性不能改变。如今头发白了，身体衰弱了，当年以稷契自命，如今获得的职务只不过是在率府里看管兵器。至于他所倾向的"太阳"呢？——他走过骊山下，天已破晓，他知道，玄宗正在山上的华清宫里避寒，在歌舞声中尽情欢乐，把从民间搜刮来的财物，任意赐予，他追究这些财物的来源是——

> 彤庭所分帛，本自寒女出，
> 鞭挞其夫家，聚敛贡城阙。
>
> ——《自京赴奉先县咏怀五百字》

而杨贵妃与杨氏姊妹饮馔的丰美，使他不禁想起长安街头的饿殍，心头涌出来这千古的名句：

> 朱门酒肉臭，路有冻死骨。
>
> ——《自京赴奉先县咏怀五百字》

门内门外，而咫尺之间竟有这么大的不同，想到这里，他或许会感到这个局面再也不能继续下去了，但他当时并不知道，安禄山已经起兵范阳，而唐代的社会从此便结束了它的盛世，迈入了坎坷多难的时期。他转北渡过渭水，到了奉先，一进家门便听见一片号咷的声音，原来他未满周岁的幼儿刚刚饿死。邻居都觉得可怜，做父亲的哪能不悲哀呢？但是杜甫的悲哀并不停滞在这上边，他想，他自己还享有特权，既不纳租税，也不服兵役，如今世界上不知有多少穷苦无归与长年远戍的人，他们身受的痛苦不知比自己的要多多少倍！想到这里，他的忧愁已经漫过终南山，弥漫天下了。

他把从长安出发到奉先这段路程的经历和感想写成《自京赴奉先县咏怀五百字》。这是一篇杜甫划时代的杰作，里边反映出安史之乱前社会的实况，反映出杜甫内心的矛盾与他伟大的人格；这也是杜甫长安十年生活的总结，从这里我们知道，杜甫无论在思想的进步上或艺术的纯熟上都超越了他同时代的任何一个诗人。

他再回长安，在率府里工作没有多久，安禄山就打到洛阳，在七五六年正月自称大燕皇帝，杜甫在长安沦陷前的一个月离开了长安。

流　亡

从七五五年（天宝十四载）十一月安禄山在范阳（北京附近）起兵，到七六三年（代宗广德元年）正月史朝义吊死在温泉栅（河北滦县南）的林中，安史之乱整整延续了七年零三个月。这变乱发生在唐中叶，给唐代划分成两个截然不同的时代，政治和经济都起了剧烈的变化：政治上，李氏的朝廷对内丧失了中央集权的统治力量，对外再也抵御不住强悍的外族的入侵；经济上，由于连年的战乱，生产力大大降低，而政府对于人民的剥削反倒有加无已，致使社会的贫困一天比一天加深。这一切都反映在杜甫的诗中，杜甫也在这些诗里发扬了他爱祖国、爱人民的精神；此后唐代的诗歌便脱去了色彩斑斓的浪漫的衣裳，有一部分走上了现实主义的朴质的道路。

安禄山和史思明虽然是玄宗派往镇守东北边疆的节度使，但他们都是外族……安史之乱，从他们的官职来讲，是一种内乱，从他们和他们部属的出身来看，本质上是种族的斗争。这时国内因为数十年太平无事，人民不知刀兵，兵器在各地的府库里都生了锈；全国的兵力只是长期屯在西北的边疆，防御吐蕃。所以安禄山在范阳起兵，长趋南下，不满两个月便攻下洛阳。就是封常清、高仙芝那样的大将，也都败的败，逃的逃，无法抵御攻势。幸而到了洛阳，安禄山便忙着做大燕皇帝，他的军队虽已逼近潼关，却不曾积极进攻。杜甫在七五六年五月，从奉先带领着一家人到了白水，寄住在他的舅父崔顼的高斋中。他眼前还是平静的泉声松影，可是他觉得山林中仿佛有兵气弥漫，水光里闪烁着刀锋，这时哥舒翰正统领二十万河陇的士兵扼守白水以南的潼关，杜甫的朋友高适也在军中。杜甫对哥舒翰有相当的信任，他认为在潼关前胡羯并不是抵御不住的强敌，因为正月间安禄山的儿子安庆绪初次攻打潼关时，曾经被哥舒翰击退。但事实上哥舒翰疾病多年，智力衰竭；监军李大宜与将士终日饮酒赌博，使娼妇们弹奏箜篌琵琶取乐；士兵连吃饭都吃不饱。所以在六月里哥舒翰出关反攻，在灵宝西原与崔乾祐军会战，三天的工夫二十万人便全军溃败，六月九日潼关失守，附近各地的防御使都弃职潜逃。白水自然也沦陷了，杜甫在局势急骤的转变中开始了流亡的生活。

于是我们看见这位唐代最伟大的诗人，掺杂在流亡的队伍里，分担着一切流亡者应有的命运。这次逃亡，起于仓猝，人人争先恐后，杜甫由于过分的疲劳，陷在蓬蒿里不能前进。这时和他一同逃亡的表侄（他曾祖姑的玄孙）王砅已经骑马走出十里，忽然找不到杜甫，于是呼喊寻求，在极危急的时刻把自己乘用的马借给杜甫，他右手持刀，左手牵缰，保护杜甫脱离了险境。十几年后杜甫在潭州遇到王砅，回想过去这一段共患难的生活，他觉得，当时若没有王砅的帮助，也许会在兵马中间死去了。他向王砅说："苟活到今日，寸心铭佩牢！"后来他与妻子会合，夜半经过白水东北六十里的彭衙故城，月照荒山，女儿饿得不住啼哭，男孩只采摘路旁的苦李充饥。紧接着是缠绵不断的雷雨天气，路径泥泞，没有雨具，野果是他们的糇粮，低垂的树枝成为他们夜间寄宿的屋椽。走过几天这样的路程，到了离鄜州不远的同家洼，友人孙宰住在这里。当他在黄昏敲开孙宰的门时，面前展开了一幅亲切而生动的画图：主人点起灯烛迎接这一家狼狈不堪的逃亡者，立即煮水给行人洗脚，还忘不了剪些白纸条儿贴在门外给行人招魂。两家妻子彼此见面，主人预备了丰富的晚餐，把睡得烂熟了的孩子们也叫醒来吃。这段遇合，杜甫在一年后写在《彭衙行》里，真实而自然，和他后来许多五言古诗一样，作者高度地掌握了这种诗的形式，发挥他写实的天才，无论哪一代的读者都能在里边感到一片诚朴的气氛，诗中人物的一举一动，一言一笑，都历历如在目前。

他在同家洼休息了几天，把家安置在鄜州城北的羌村。由于长期的霖雨，鄜州附近的三川山洪暴发，淹没了广大的陆地，远方是兵灾，眼前是洪水，他喘息未定，听到的是万家被难的哭声。

当杜甫从白水到鄜州在起伏不断的荒山穷谷里奔波时，玄宗也在六月十二日夜里，隐瞒着长安的人民，带着他的贪污宰相和贵妃走出延秋门，逃往西蜀。中间经过马嵬坡事变，等到七月十三日，太子李亨（肃宗）即位灵武，在草莽中开辟朝廷，受不满三十人的文武官员朝贺时，杜甫早已到了羌村。他听到这个消息，立即把复兴的希望寄托在李亨身上。八月洪水落后，他便只身北上延州（延安），想走出芦子关（陕西横山县附近），投奔灵武。可能他刚一起程，胡人的势力便膨胀到北方，鄜州一带，陷入混乱状态。他一家经过了这么多的跋涉艰难，终不免沦入胡人的势力范围。他在路上，不能进也不能退，被胡人捉住，送到沦陷的长安。也许因为他当时既没有地位，也没有声名，胡人并没有把这年龄才四十五岁便已满头白发、未老先衰的诗人看在眼里。他在长安没有受到严格的俘虏待遇，也没有和长安一般的官吏一样被送到洛阳，逼使投降。但他自己也设法隐避，下了一番主观的努力，才能使敌人不注意他，所以史书里这样称赞他，"数尝寇乱，挺节无所污"。

　　不过两三个月，这雄壮整饬的京城完全失却了它往日的面目：旧日统治者的宫殿府邸，有的被焚烧，有的住满了胡人。宗室嫔妃以及跟随玄宗入蜀的官员们留在长安的家属都一批一批地被杀戮，血流满街，婴儿都不能幸免。但偶然也有杀剩下的"王孙"，隐藏在荆棘丛中，再也不能享受"朱门"里的生活，想卖身给人作奴隶都不可能。胡兵胡将，彼此庆祝成功，把御府里多年从民间搜刮得来的珍宝用骆驼运往范阳。杜甫旧日的朋友和他投赠过的达官贵人自然也都星散了：有的随着玄宗投往西蜀（如韦见素、房琯），有的被掳到洛阳（如王维、郑虔、储光羲），有的投降了（如哥舒翰、张垍）。只有长安的人民，终日过着水深火热的、恐怖的生活。

　　胡人刚入长安时，声势浩大，兵力所及，往北过了鄜州，往西到达陇山。玄宗受了四十几年人民的供养，在临危时率领着他的左右亲近逃掉了，抛下了走不动的人民日夜受着胡人任意的摧残。长安附近的人民担受不起胡人的骚扰，就自动组织游击队伍，反抗胡人，这里受了挫折，那里又起来，使胡人的势力范围渐渐缩小，北不过云阳（陕西泾阳北），西不过武功。这对于唐军的反攻是一个有力的声援，使长安人民时常互相惊呼："官军到了！"事实上，反攻的势力也在逐渐南移。八月里郭子仪与李光弼率领着牵制胡人后方、在河北收复了许多郡县的朔方军回到灵武，肃宗才获得一批基本的军队，九月把政府迁移到顺化（甘肃庆阳），接受玄宗遣派韦见素与房琯从成都送来的宝册，十月迁至彭原（甘肃宁县），派房琯率兵收复两京。房琯是一个善于慷慨陈词而不务实际的读书人，他把军队分成三路进攻，中路和北路于十月二十一日在咸阳东的陈陶与安守忠交战，一天内全军覆没，四万人的血染红陈陶广泽，逃回去的不到几千；南路于二十三日又在青坂大败，裨将杨希文、刘贵哲都投降了敌人。胡人凯旋归来，在长安市上痛饮高歌，这使长安的人民多么痛苦，多么失望！杜甫亲眼看见这个景象，写出两首名诗，一首是《悲陈陶》：

　　　　孟冬十郡良家子，血作陈陶泽中水；
　　　　野旷天清无战声，四万义军同日死。
　　　　群胡归来血洗箭，仍唱夷歌饮都市；
　　　　都人回面向北啼，日夜更望官军至。

在另一首《悲青坂》里他说，人们虽然盼望官军，反攻却要等待条件的成熟，不要焦急：

> 焉得附书与我军，忍待明年莫仓卒！

杜甫在胡人中间，终日密切注意长安以外敌我势力的消长，以及山川的形势。他觉得陈陶战败，只是反攻中的一个挫折，不发生决定作用。重要的反倒是人们不注意的、远在延州以北的芦子关。边兵都调去东征，那里防守空虚，万一在山西的胡将史思明与高岩秀乘人不备，向西攻入芦子关，就可以直捣反攻的根据地。他苦心焦虑，为迢迢数百里远的芦子关警惕着，他说：

> 芦关扼两寇（指史与高），深意实在此。
>
> 谁能叫帝阍：胡行速如鬼！
>
> ——《塞芦子》

他困居长安，从秋到冬，从冬到春，除去为国家焦愁外，自然也时常怀念他的家属：远在钟离（安徽凤阳附近）的韦氏妹、滞留平阴（在山东）的弟弟、鄜州的妻子。他长久得不到家中的消息，并且听说胡人到处残杀，一直杀到鸡犬不留。他寄给他弟弟的诗里说：

> 生理何颜面？忧端且岁时！
>
> 两京三十口，虽在命如丝。
>
> ——《得舍弟消息》之二

他在月下怀念他的妻子：

> 今夜鄜州月，闺中只独看。
>
> 遥怜小儿女，未解忆长安。
>
> 香雾云鬟湿，清辉玉臂寒。
>
> 何时倚虚幌，双照泪痕干？
>
> ——《月夜》

他个人的生活与心境在那首人人熟悉的《春望》里得到了充分的表达：

> 国破山河在，城春草木深。
>
> 感时花溅泪，恨别鸟惊心。
>
> 烽火连三月，家书抵万金。
>
> 白头搔更短，浑欲不胜簪。

在这样的春天，他有时潜行曲江，看见细柳新蒲又发出嫩绿，但是江头的宫殿都紧紧关闭着，由眼前的萧条想到当年的繁华，在胡骑满城的黄昏，写成一首《哀江头》，给曲江唱出哀婉动人的挽歌。事实上，曲江从此也衰落下去，失却了它旧日的风光，直到八三五年（文宗太和九年）人们又重新疏浚池沟，修建亭馆，但无论如何，也唤不回来开元天宝时期的盛况了。

七五七年正月，安禄山被他的儿子安庆绪与严庄、李猪儿合谋杀死；二月，肃宗从彭原南迁凤翔。由于这两个事件，情势有了转变：一些被胡人俘往洛阳的官吏都偷偷地回到长安；而许多沦陷在长安的人又设法走出长安，逃往凤翔。当杜甫正在计划逃往凤翔时，郑虔从洛阳回来了。这位"广文先生"被胡人任命为水部郎中，托病没有就职；如今回到长安，在他的侄子郑潜曜的池台中与杜甫相遇，二人悲喜交集，春夜里又一同饮酒舞蹈，但是情调和三年前领太仓米时迥乎不同了。最后杜甫终于成行，行前他在怀远坊的大云经寺里住了几天，躲避胡人的耳目，寺里的僧人赞公曾经赠给他细软的青履与洁白的毡巾。四月里的一天他走出城西的金光门，奔向凤翔。这回出奔，他冒着很大的风险，因为那时有一股胡人在安守忠与李归仁的率领下从河东打到长安的西边，屯兵清渠，与滻桥的郭子仪军相持。他穿过两军对峙的前线，不能走大道，只有在山林中间，选择无人的崎岖小路前进。他随时都要担心被胡人捉住，自己觉得像是暂时存在着的人，走一刻便算是活了一刻。走到望见了太白山上的积雪，快到武功时，才渐渐脱离了危险，他把当时的心境写在这样的诗句里：

> 生还今日事，间道暂时人。
>
> ——《自京窜至凤翔喜达行在所》之二

又说：

> 死去凭谁报？归来始自怜。
>
> ——《自京窜至凤翔喜达行在所》之三

一年后他离开长安赴华州，再出金光门，还提到逃亡时提心吊胆的情形：

> 此道昔归顺，西郊胡正繁。
>
> 至今犹破胆，应有未招魂！
>
> ——《至德二载甫自京金光门出间道归凤翔乾元初从左拾遗移华州掾与亲故别因出此门有悲往事》

他到达凤翔，衣袖残破，两肘露在外边，穿着两只麻鞋，拜见肃宗。五月十六日肃宗派中书侍郎张镐传命杜甫，任杜甫为左拾遗。左拾遗是一个"从八品上"的官职，职务是供奉皇帝，看见皇帝的命令有不便于时、不合于理的，就提出意见，同时还有举荐贤良的责任。这是一个相当重要的职务，却由一个"从八品上"的官员充当，好像是一种讽刺，这说明皇帝并不需要什么真正的谏臣，这只不过是他身边的点缀。……

（任职）短短的三个多月，杜甫念及两京沦陷，人民痛苦，他忠实于他的职责，肃宗看他并不是一个令人愉快的人物，于是在八月里命他离开凤翔，回鄜州探视妻子。杜甫刚到凤翔时，本可以回家探视，但因为初授拾遗，不忍开口说回家，如今放还，在他政治生活上是一个失败，却给了他一次回家的机会。

这年又是一秋苦雨，直到闰八月初一，才云散天晴，杜甫也在这一天起程北征。当时凤翔的官吏每天只能求得一饱，衣马轻肥当然都提不到，杜甫也置办不起朝服，只穿着一领青袍，并且因为正在准备收复两京，公家和私人的马匹都收入军中，所以我们看见在凤翔城外——

青袍朝士最困者，白头拾遗徒步归。

——《徒步归行》

一路上阡陌纵横，人烟稀少，遇到的不是伤兵，便是难民。经过麟游县西的九成宫，入邠州境，路途更为艰难，以养马闻名的李嗣业正镇守邠州，他向他借得一匹马代步。再往前走，但见猛虎当前，崖石欲裂，山路旁开着今秋的菊花，路上印着古代的车辙。各样无名的山果，有的红如丹砂，有的黑如点漆，他看见自然界里只要是雨露所沾润的草木，不管是甜的苦的，都结了果实，而他自己四十六年的岁月，却依然是毫无成就。在宜君附近玉华宫前的蓬草中，望着这座日渐腐朽的建筑，又感到生命的无常。快到鄜州时，更是一片凄凉的惨景：桑树上鸱鸟哀鸣，草莽中野鼠四窜，夜深时经过战场，寒冷的月光照着死者的白骨。

晚霞绯红，白日沉落天边时，听到一片鸟雀的喧噪，杜甫回到了羌村。经过一年的失散流离，如今活着回来，把走入家门时的景象戏剧性地写在三首题名《羌村》的五言诗里：他的妻子看见他，是——

妻孥怪我在，惊定还拭泪；

他的孩子们看见他，是——

娇儿不离膝，畏我复却去；

邻人听说他回来了，都趴满墙头，歔欷感叹。到了夜半以后，还不能入睡，这出乎意外的重逢，使人难以置信，觉得像是在梦里一般。杜甫对这情景写出那常被宋代词人借用的名句：

　　夜阑更秉烛，相对如梦寐。

第二天早晨，邻家父老都带着酒来看望这一度生死未卜的归人，他们一边倒出酒来一边说：

　　莫辞酒味薄，黍地无人耕，

　　兵革既未息，儿童尽东征。

这次回家使他写成与《自京赴奉先县咏怀五百字》相媲美的名篇《北征》。这两篇诗是杜甫的代表作，它们的相同处是同样用高度写实的技巧写出旅途的经历与家境的穷困；不同的地方是前者叙述了大乱前人民的痛苦，社会矛盾的尖锐化，后者则表达了他对于当前局势的意见：他认为自己的军队如调度合宜，足能有充分的力量收复两京，恢复中原，向回纥求援会惹出无穷的后患。——还有一点不同的是前者用了自然平易的语言，读者容易了解；后者的诗句则比较艰深，不是人人所能接近的。虽然如此，《北征》中叙述他回家时家庭情况的那一段，每个读者读了都会惊讶杜甫具有怎样一种卓越的写实的才能：

　　况我堕胡尘，及归尽华发。

　　经年至茅屋。妻子衣百结。

　　恸哭松声回，悲泉共幽咽。

　　平生所娇儿，颜色白胜雪，

　　见耶背面啼，垢腻脚不袜。

　　床前两小女，补缀才过膝，

　　海图（旧衣所绣）拆波涛，旧绣移曲折，

　　天吴（水神，旧衣所绣）及紫凤（旧衣所绣），颠倒在短褐。

　　老夫情怀恶，呕泄卧数日。

　　那无囊中帛，救汝寒凛栗？

　　粉黛亦解苞，衾裯稍罗列。

　　瘦妻面复光，痴女头自栉，

　　学母无不为，晓妆随手抹；

　　移时施朱铅，狼藉画眉阔。

生还对童稚，似欲忘饥渴。

问事竞挽须，谁能即瞋喝？

翻思在贼愁，甘受杂乱聒。

新归且慰意，生理焉得说？

·············

侍奉皇帝与走向人民

他遇到他青年时的朋友卫八处士，写成《赠卫八处士》，叙述二十年老友重逢时的情景，朴实而活泼，真切而自然，用净洁的语言，画出极生动的生活素描，里边又孕育着丰富的情感。从这时起到年底他到了成都为止，他这一年内的作品十分之九都是五言诗。这些五言诗是《彭衙行》与《北征》的继续发展，其中有的反映出人民的痛苦，有的刻画出祖国险要的山川，是杜甫诗的艺术里一个伟大的成就，这成就集中在一座高峰上：是他从洛阳回到华州时在路上写的《三吏》和《三别》。

安庆绪退出洛阳后，窜入相州（治所在今河南省安阳市），虽然党羽离叛，却还据有六十郡县，兵甲粮资也相当丰富。七五八年九月，郭子仪、李光弼、王思礼等九节度使率兵二十万讨伐安庆绪，十一月围攻相州。次年二月，史思明派兵援救安庆绪；三月三日，唐军大败。战马万匹只剩下三千，甲仗十万几乎全部丧尽。郭子仪带着他的朔方军退到河阳，保卫东京。杜甫到洛阳时，一路上相当安定，城市也恢复了旧观，可是相州唐军败后，洛阳一带又骚动起来，市民逃入山谷，当年攻击房琯、现任东京留守的崔圆与河南尹苏震等都纷纷跑到襄州、邓州。杜甫也在这时离开洛阳回到华州。在他回华州的路上，一切与两月前迥乎不同了，到处呈现出紊乱与不安。他经过新安、石壕（河南陕县东）、潼关，所接触的都是些老翁老妪、征夫怨妇的愁眉苦脸，在官吏残酷的驱使下担受着无处申诉的痛苦。杜甫把他看到的、听到的、亲身经历的人民的悲剧凝结成《新安吏》《石壕吏》《潼关吏》《新婚别》《垂老别》《无家别》六首诗。

这六首诗自成一组，是杜甫诗中的杰作，从白居易开始就不断被人称赞为诗的模范，它们继承了《诗经》、汉乐府的传统，影响了后代的进步诗人。杜甫自己对于这一段的创作生活也是肯定的，他晚年在夔州说过，"忆在潼关诗兴多"。这六首诗不只单纯地反映了人民的痛苦，而且更深刻地表达了作者内心的矛盾。这矛盾并不像长安时代的诗里所说的杜甫个人入仕与归隐两种心情的冲突，而是在封建社会里一个爱人民、爱祖国的诗人在人民与统治者中间感到的剧烈的冲突。国家受胡人的侵略，人民受胡人的摧残，要想救国家、救人民，杜甫只有把一切的希望寄托在李氏朝廷上，在他的时代里他不可能对于帝王制度有所怀疑。但他拥护的朝廷，平常是剥削人民的，到了国难时期，既不能发动人民抵抗胡人，也不肯放弃一些自己的特权，反倒更无限制地向人民搜刮物资，乱征兵役。在这中间一个正直的诗人自然要感到极大的矛盾：若是强调人民的痛苦，反对兵役，就无法抵御胡人；但是人民在统治者残酷的压迫与剥削下到了难以担受的地步，他又不能闭上眼睛不看，堵住嘴不说。所以这六首诗与长安时代的《兵车行》不同了，他写《兵车行》时只是站在人民的立场，反对侵略战争，这时他除去替人民诉苦外，还不得不考虑到国家和民族所面临的严重的危机。

唐代人口的数目据说在七五四年（天宝十三载）达到最高点，这年户部呈报的全国郡县的人口总数是五二八八零四八八人，但是现在人口的数目，还不到十分之一。经过五年的战乱，人口自然减少了，尤其是河南、陕西一带，壮丁更为缺乏。壮丁缺乏，既影响战争，又影响生产。唐军自从相州溃败后，军队急需补充。在补充军队时，那些一向当惯了统治者的爪牙的吏役们为了拼凑兵额，任意捕捉，不顾民情，做出许多残酷的事，使荒凉萧条的东京道上鸣咽着使人难以忍受的哭声，这现象便反映在杜甫的这六首诗里。杜甫离开洛阳，路过新安，听到一片乱嚷嚷的点兵的声音，可是新安的县份小，成丁没有了，只好征用十八岁的"中男"，他亲眼看见一群孩子被赶入军中，是这样凄惨：

> 肥男有母送，瘦男独伶俜（孤单）；
>
> 白水暮东流，青山犹哭声。
>
> 莫自使眼枯，收汝泪纵横！
>
> 眼枯即见骨，天地终无情。
>
> ——《新安吏》

但是杜甫一转念，想到抵御胡人是人民应有的职责，于是立即转换口气来安慰这些青年：

> 就粮近故垒，练卒依旧京（只屯驻洛阳），
>
> 掘壕不到水，牧马役亦轻（工作不重）；
>
> 况乃王师顺，抚养甚分明，

送行勿泣血，仆射(指郭子仪)如父兄！

——《新安吏》

他在路上又看到一个老人，子孙都阵亡了，如今也被征去当兵，老妻卧在路旁啼哭，她知道他这一去不会再有回来的希望；还有新婚的少妇，晚间结婚，第二天早晨丈夫便被召去守河阳，她自己觉得嫁给征夫，不如委弃在路旁；还有从相州战败归来的士兵，回到家中，但见园庐被蒿藜埋没，当年同里的人们不是死了化为尘泥，便是东西分散，没有消息，当他背起锄头要去耕种久已荒芜的园畦时，县吏听说他回来了，又把他叫回去在本州服役。这三个人，杜甫每人都为他们写了一首诗，用他们自己的口吻，诉说他们自身的痛苦，但是诉苦诉到极深切的时刻，一想到国家的灾难，便立即转变出振奋的声音。老翁说：

万国尽征戍，烽火被冈峦。

积尸草木腥，流血川原丹。

何乡为乐土，安敢尚盘桓？

弃绝蓬室居，塌然摧肺肝！

——《垂老别》

新婚的女子在她缠绵的别语中也勉励她的丈夫：

勿为新婚念，努力事戎行！

——《新婚别》

就是那家人丧尽的士兵在他的自述中也是一方面感到凄凉，一方面安慰自己，虽然又被县吏召去，但是在本州服役，比远征究竟不同。

后来杜甫到了潼关，看见潼关的士兵们又在辛苦地修关筑城，恐怕一旦洛阳失守，潼关受到威胁，这时他还请求潼关吏转告守关的将军，千万不要再学哥舒翰！

总之，杜甫虽看见人民受了这么多统治者给予他们的灾害，但因为胡人的势力又膨胀了，为国家着想，他都按照个别的情况来鼓励他们、安慰他们。只有《石壕吏》一诗是例外。他晚间投宿在石壕村一个穷苦的人家，夜半有差吏敲门来捉人，这家的老翁跳墙逃走了，家里只剩下一个老太婆和一个下衣不完的儿媳带着一个吃奶的孙儿。老太婆和差吏交涉许久，说了许多哀求的话，差吏还不肯让步，坚持要人。最后没有法子，她只有牺牲自己，让差吏把她在当天夜里带走，送到河阳的军营里去。杜甫亲身经历这段故事，他再也不能有什么话来鼓励、安慰这一家人了，他写出这六首诗里最富有戏剧性的一首——《石壕吏》。

这首诗只是客观的叙述，但其中充分表达了作者感到的人民最深的痛苦；它一再被后人传诵，只因为它最真实地告诉我们，过去封建社会的统治者是怎样对待他们的人民。杜甫有这样的成就，完全由于他接近了人民，这是他半年前在长安出入"禁掖"，侍奉皇帝时所想象不到的。

成都草堂

唐代有句俗话说，"扬一益二"。扬是扬州，益是成都。这句话说明在长安洛阳以外，繁荣的城市除去扬州就要算成都了。当时的西蜀不只有丰富的农产、矿产，手工业也得到高度的发展，像丝织品、纸、大邑的瓷器……都是远近驰名的。它虽然被艰险的山川包围着，却阻止不住国内的和国外的商人们来到这里贩运货物，因此成都便成为一个富庶的城市。安史乱起，中原民不聊生，更加上严重的灾荒，到处都有人吃人的现象，可是西蜀还能保持暂时的安定。唐玄宗曾经一度率领着一批官僚逃到成都，至于一般人民流亡到这里的当然也不在少数，因为大家想，在这夙称富庶的区域，生活比较容易维持。杜甫来到成都，因为他没有吃的，自然要找产粮丰富的区域；没有穿的，自然要找温暖的南方，这正如候鸟在秋天不得不向南飞翔。可是没有几年，剑南的东西两川，内由于地方官吏的跋扈与人民负担的加重，外由于吐蕃的侵扰，这块当时所谓的"乐土"，在大混乱的时代中也不能自居例外，同样陷入一个长期的互相斫杀的局面。

杜甫到成都时，裴冕是成都尹兼剑南西川节度使。裴冕在玄宗时结交王鉷，晚年在代宗时又攀附李辅国和元载，是一个不择任何手段只求自己升官的官僚，他又是马嵬事变后六次上笺拥戴肃宗即皇帝位的人，就广义上说，正属于房琯和他的友人们的敌党。我们没有充足的理由，同意一些杜诗的注者说杜甫在诗里一再称述的"主人"就是裴冕。但是裴冕的幕中可能有杜甫的友人和亲属，例如他的从孙杜济就是裴冕身边的一个得意人物，这些亲友或多或少会给他一些经济上的帮助。他和裴冕虽然没有直接的交谊，他既然到了裴冕统治的境内，却也不能不在他的纪行诗《鹿头山》里用四句诗来恭维恭维他，这种用心是很可怜的。他到成都后，我们再也找不到一句和裴冕有关的诗了。并且裴冕在第二年（七六○）三月便离开成都，李若幽继任成都尹。

杜甫在七五九年的岁末到达成都，住在西郊外浣花溪寺里，寺里的僧人复空是他临时的主人。他在庙里没有住多久，便在城西七里浣花溪畔找到一块荒地，先开辟了一亩大的地方，在一棵相传二百年的高大的楠树下建筑起一座并不十分坚固的茅屋。他经营这座草堂，不是轻而易举的，几乎事事都需要朋友和亲戚的帮助。表弟王十五司马出郭相访，走过野桥，给他送来建筑费，使他感动地说："在他乡多亏表弟帮忙，来往不辞劳苦。"他一方面营建草堂，一方面写诗向各处觅求树秧：向萧实请求春前把一百根桃树秧送到浣花村，向韦续索取绵竹县的绵竹，向何邕要蜀中特有的、三年便能成荫的桤树秧，他亲自走过石笋街到果园坊里向徐卿索求果木秧，无论绿李黄梅都无不可，他还向韦班要松树秧和大邑县的瓷碗。关于瓷碗他写出下边的绝句，由此我们可以知道唐代的瓷器精美到什么程度：

> 大邑烧瓷轻且坚，扣如哀玉锦城（成都）传。
>
> 君家白碗胜霜雪，急送茅斋也可怜。
>
> ——《又于韦处乞大邑瓷碗》

经过两三个月的经营，草堂在暮春时节落成了。不只杜甫自己欣庆得到一个安身的处所，就是飞鸟语燕也在这里找到新巢，从此这座朴素简陋的茅屋便成为中国文学史上的一块圣地，人们提到杜甫时，尽可以忽略了杜甫的生地和死地，却总忘不了成都的草堂。根据"浣花溪水水西头"，"万里桥西一草堂，百花潭水即沧浪"，"背郭堂成荫白茅"，"时出碧鸡坊，西郊向草堂"，"万里桥西宅，百花潭北庄"，"茅堂石笋西"，"结庐锦水边"，"西岭纤村北"……这些诗句我们可以推测草堂的位置是背向成都郭，在少城碧鸡坊石笋街外，百花潭北，万里桥及浣花溪西，临近锦江，西北则可以望见山巅终年积雪的西岭。

这是七六〇年（肃宗上元元年），中原没有恢复，关内闹着严重的灾荒，币制紊乱，杜甫却结束了他十载长安、四年流徙的生活，在这里得到一个栖身的处所。他离开了兵戈扰攘、动荡不安的大世界，眼前只看到蜻蜓上下，鸂鶒沉浮，水上有圆荷小叶，田间是细麦轻花。他亲身经历了许多年的饥寒，如今暂得休息，于是自然界中的一切生物，都引起他的羡慕。他在这时期内写了不少歌咏自然的诗。他所歌咏的，鸟类中有鸬鹚、燕、鸥、莺、黄鹂、凫雏、鹭、鸂鶒、花鸭；昆虫中有蝴蝶、蜻蜓、蜂、蚁；花木中有丁香、丽春、栀子、枇杷、杨柳、荷花、桃、李、桑、松、竹、桤、楠、楠树下的一片药圃。他运用了"小"和"轻"、"细"和"香"、"嫩"和"新"，以及"净"、

"弱"、"微"、"清"、"幽"……那些字来形容它们。

他看他眼前的花木是——

　　杨柳枝枝弱，枇杷对对香。

　　　　　　　　——《田舍》

眼前的虫鸟是——

　　细雨鱼儿出，微风燕子斜。

　　　　　　　　——《水槛遣心》之一

说到春夜的雨——

　　随风潜入夜，润物细无声。

　　　　　　　　——《春夜喜雨》

夜晚的幽静——

　　云掩初弦月，香传小树花。

　　　　　　　　——《遣意》之二

　　我们把这类的诗句和七五九年在洛阳道上与秦州道上的诗相比，意境上有多么大的一个悬殊！难道杜甫自己的生活刚刚有了着落，便陶醉在自然的春光里，忘却了人民的痛苦与国家的灾难了吗？

　　杜甫并不是这样。这些诗句只反映着杜甫草堂生活的一方面，我们读着这些诗句，好像听田园交响乐，有时到了极细微极轻盈的段落，细微到"嫩蕊商量细细开"，轻盈到"自在娇莺恰恰啼"；然而另一方面，忽然转折过来，便有暴风雨的发作，田园立即起了很大的变化，这变化使他联系到现实的生活。那棵高大的楠树，童童青盖，据说已经生长了二百年，杜甫曾经在它旁边规定了草堂的地位，在它的近根处开辟了一片药圃；不料一天狂风忽至，江翻石走，它的枝干还与雷雨力争，但是根断了，被风雨拔起，像死了的龙虎一般倒在荆棘中，使草堂前的景色失却了它最重要的部分。还有一次在八月，秋风怒号，把草堂顶上三重的茅草都给卷走，茅草有的挂在林梢，有的沉入塘坳；黄昏时风定了，墨云又聚集起来，雨不住地下了一夜，屋里漏得没有一块干土，他在无眠的长夜中唱出来《茅屋为秋风所破歌》。他由于自己的灾难想到流离失所的人们，他在歌里这样说：

　　床头屋漏无干处，雨脚如麻未断绝。

　　自经丧乱少睡眠，长夜沾湿何由彻（终了）？

　　安得广厦千万间，大庇天下寒士俱欢颜，

风雨不动安如山!

呜呼,何时眼前突兀见此屋,吾庐独破受冻死亦足!

这里正如他在《凤凰台》诗中所说的,要用自己的心血来孕育中兴的征兆一般,为了天下的寒士免于饥寒他宁愿牺牲自己。

除却惊天动地的暴风雨外,这田园里也存在着一些痛苦的忧郁的事物,使人想到人民的病苦而忧郁的生活。杜甫由于病橘想到天宝年间给杨贵妃输送鲜荔枝的情形——

忆昔南海使,奔腾献荔枝,

百马死山谷,到今耆旧悲!

——《病橘》

由被刀斧砍伐的枯棕想到人民被官家剥削得一物不遗——

有同枯棕木,使我沉叹久,

死者即已休,生者何自守?

——《枯棕》

还有病柏和枯楠,本来都是正直而健壮的树木,一旦病老,便饱受鸱鸮和虫蚁的摧残。这些生物界中的病象,都使杜甫联想到社会的病象。

师生共学

阅读《杜甫传》时,边读边勾画关键文句,如勾画出冯至对杜甫的精彩评价,勾画出表现杜甫家庭背景、所处的社会环境、人生经历、交友范围、所受的思想方面的影响等关键句子,还可以勾画出杜甫关注民生、以史入诗、成为后世敬仰的"诗圣"的句子。还可以记录对"万方多难中成就的诗圣"这句话的理解。

冯至写《杜甫传》有一个特点,即"以杜解杜",以杜甫的诗作反映诗人的生活。我们阅读时,先朗读《自京赴奉先县咏怀五百字》,了解诗中叙述的事件,想象诗中描述的场景;再浏览《杜甫传》中"长安十年"一节,了解《自京赴奉先县咏怀五百字》的创作背景,印证和丰富自己的想象,为解析其语言、思想感情做准备,这种阅读方法就是知人论世。

解读《丽人行》时,联系创作背景来思考并作批注。在这政风腐败、边疆失利、民生渐趋凋敝的时代,玄宗奢侈的生活却有加无已。他和杨氏姊妹荒淫无耻的生活,使杜甫难以忍受了,他毫无顾忌地写出《丽人行》,描画她们丑恶的行为，这也是知人论世。

知人论世还有一种方法，即实地考察。《堂成》《客至》《江畔独步寻花》《茅屋为秋风所破歌》，都是杜甫在成都时期所作，思想感情与生活环境、遭遇关系密切。有条件的到成都实地参观杜甫草堂，也可以通过网络查看图片、文字资料，加深对这些诗歌的理解。

1. 推荐参观内容。

参观对联"诗圣著千秋，草堂留后世"（朱德题的联）；主题馆；欣赏匾、联、碑、画（张大千、傅抱石绘的像）、铜像；参观诗史堂（主厅）、碑亭、草亭；欣赏馆藏杜甫诗刊书画。

2. 小组活动任务。

可以组成小组参观，组员各自选择完成下面任务。

任务一：到杜甫草堂，亲身感受杜甫的生活环境，品读杜甫草堂的对联、诗篇；

任务二：进入杜甫草堂博物馆参观，读名人对杜甫的评价及后人研究杜甫的资料；

任务三：访谈专家、学者、教师、游客、讲解员。

任务四：记录对杜甫其人、其诗的理解。

3. 学生课段小结活动。

以下是杜甫在不同阶段写的诗歌，请回忆《杜甫传》内容，按照阶段分类，再查阅《杜甫传》核对正误。

《春夜喜雨》、《秋兴八首》（其一）、《堂成》、《茅屋为秋风所破歌》、《江南逢李龟年》、《客至》、《羌村三首》（其一）、《登岳阳楼》、《咏怀古迹》（其三）、《月夜忆舍弟》、《春望》、《江畔独步寻花》、《秋兴八首》（其七、其八）、《羌村三首》（其二、其三）、《石壕吏》、《登高》、《垂老别》、《兵车行》、《旅夜书怀》、《丽人行》、《新安吏》、《自京赴奉先县咏怀五百字》、《北征》。

同伴分享

以下是同龄人围绕各自研究题目及本课段学习任务做的阅读笔记，为下一个课段进一步的学习研究奠定了基础。

1. 成都市铁中周雪菱同学用文字刻画出了心目中不同时代的杜甫：

"致君尧舜上，再使风俗淳。"杜甫年少有志于此，那时的他年少轻狂，优游于世，过着"放荡齐赵间，裘马颇清狂"的漫游生活。他胸怀大志，朝气蓬勃，一句"会当凌绝顶，一览众山小"，兼济天下的豪情与胸怀显露无遗。

"感时花溅泪，恨别鸟惊心。"花无情而有泪，鸟无恨而惊心，杜甫有感于战败，见花开而泪落潸然，闻鸟鸣而心中惆怅，因浓聚着国破家亡的苦恨，便由花鸟代诉了出来。我仿佛看到杜甫忧国忧民、思念家人的悲伤的表情。

"安得广厦千万间，大庇天下寒士俱欢颜，风雨不动安如山。"此时的杜甫由自身境遇联想到万方多难，因此彻夜难眠，感慨万千，我仿佛看到他在奋笔疾书那脍炙人口的《茅屋为秋风所破歌》。诗歌铿锵有力，似乎是年少那"一览众山小"的志向燃起了他的激情！诗人博大胸襟和崇高理想至此表达得酣畅淋漓。

"白日放歌须纵酒，青春作伴好还乡。"杜甫等待安史之乱的平息，足足熬了七年，此时动乱结束，我看到杜甫欣喜如狂，放歌纵酒，倚着斜阳畅想不日还乡。"句句有喜跃意，一气流注，曲折尽情。"而此情，正是和酒一起饮下的思乡之情，是即将回归故乡的喜悦之情。

"无边落木萧萧下，不尽长江滚滚来。"世事无常，安史之乱平息不过四年，地方军阀又乘时而起，然而五十六岁的杜甫已病魔缠身，历经沧桑，少时志向终不得实现，我看到他登高眺远，百感交集。那萧萧落木是他飘零的身世，滚滚长江终究带不走他浓厚的悲伤，只能叹息韶光易逝，壮志难酬，曾经年少的远大志向，和岁月一起缺席。

这就是杜甫！一个将喜怒哀乐系于国家、系于百姓的伟大诗人，穷其一生去描绘现实的残酷。他用诗句勾勒出一幅幅沉郁顿挫的画卷，他的年少远志，他的激情澎湃，他的欣喜若狂，他的壮志不酬，到凭栏远眺时只剩下一声声的叹息，最后，连叹息也湮没在秋风中，寻不到了。

2. 西南交大附中汪于凡做了阅读摘要（见表1），把杜甫的遭遇与其诗歌的变化结合起来。

表1 杜甫遭遇与杜甫诗歌的变化

阶段	遭遇	表现诗歌变化的关键句子和语段
长安十年	杜甫在李林甫的阴谋政治里应试未果。父亲死去了；他在长安一带流浪，穷困使他不能不低声下气，充作几个贵族府邸的"宾客"。 杜甫在旅舍里贫病交加。一家数口来到长安，他的负担更重了。 他再回长安，在卫率府里工作没有多久，在长安沦陷前的一个月离开了长安。	当杜甫运用典故写出一篇篇的排律呈给权贵请求援引时，他也向这些朴实而平凡的人用自然活泼的语言述说他的病和他的饥寒。这时杜甫已经开始吸取民间的方言口语，把它们融化在他的诗句中，使他的诗变得更为新鲜而有力。 这是杜甫在长安真实的收获：他的步履从贫乏的坊巷到贵族的园林，从重楼名阁、互竞豪华的曲江到征人出发必须经过的咸阳桥，他由于仕进要求的失败认识了这个政治集团的腐败，由于自身的饥寒接触到人民的痛苦。
流亡	杜甫在流亡。 后来他与妻子会合，家贫如洗。他把家安置在羌村。只身北上投奔灵武，在路上，被胡人捉住，送到沦陷的长安。逃出金光门，奔向凤翔，拜见肃宗，被任为左拾遗。 杜甫忠实于他的职责，肃宗看他不顺眼，命他离开回鄜州探视妻子。	杜甫也在这些诗里发扬了他爱祖国、爱人民的精神；此后唐代的诗歌便脱去了色彩斑斓的浪漫的衣裳，有一部分走上了现实主义的朴质的道路。 这次回家使他写成与《自京赴奉先县咏怀五百字》相媲美的名篇《北征》。这两篇诗是杜甫的代表作，它们的相同处是同样用高度写实的技巧写出旅途的经历与家境的穷困；不同的地方是前者叙述了大乱前人民的痛苦，社会矛盾的尖锐化，后者则表达了他对于当前局势的意见。
侍奉皇帝与走向人民	杜甫因肃宗还京回到长安任左拾遗。受牵连被派到华州去作司功参军。 他经过新安、石壕（河南陕县东）、潼关，所接触的都是些老翁老妪、征夫怨妇受官吏残酷的驱使。	杜甫把他看到的、听到的、亲身经历的人民的悲剧凝结成《新安吏》《石壕吏》《潼关吏》《新婚别》《垂老别》《无家别》六首诗。 这六首诗与长安时代的《兵车行》不同了，他写《兵车行》时只是站在人民的立场，反对侵略战争，这时他除去替人民诉苦外，还不得不考虑到国家和民族所面临的严重的危机。

续表

阶段	遭遇	表现诗歌变化的关键句子和语段
成都草堂	杜甫到达成都，住在西郊外浣花溪寺里，不久，便在城西七里浣花溪畔建筑起茅屋，种药材、写诗。	这些诗句只反映着杜甫草堂生活的一方面，……好像听田园交响乐。……他在无眠的长夜中唱出《茅屋为秋风所破歌》。他由于自己的灾难想到流离失所的人们，他在歌里这样说： 安得广厦千万间，大庇天下寒士俱欢颜，风雨不动安如山。呜呼，何时眼前突兀见此屋，吾庐独破受冻死亦足！

师者助读

1. 杜甫把他看到的、听到的、亲身经历的民间疾苦凝结成《新安吏》、《石壕吏》、《潼关吏》、《新婚别》、《垂老别》、《无家别》，这六首诗从白居易开始就不断被人称赞为诗中的典范，阅读时可以把这六首诗和《堂成》、《客至》、《江畔独步寻花》(黄四娘家花满蹊)联系起来，概括成都时期杜甫诗歌的特点，体会诗风转变与生活环境的关系。

2. 有研究者认为，杜甫的诗，个人的喜怒哀乐总和百姓息息相通，无论遭受多少挫折和艰难，始终不放弃理想，人品、诗品值得敬仰，所以称之为"诗圣"。阅读《杜甫传》时应该对此细细体会，思考自己是否赞同这个观点，批注理由。

3. 知人论世就是要把对杜甫诗歌的理解、欣赏与杜甫的生活及时代结合起来，本课段可以这样阅读：了解《堂成》《江畔独步寻花》《客至》《茅屋为秋风所破歌》的写作背景；批注杜甫创作《堂成》《茅屋为秋风所破歌》时的心理感受；简述杜甫到成都后，一段时间里安定和近乎隐居的生活对他的诗风的影响；思考正过着安定生活的他，为什么会发出"安得广厦千万间，大庇天下寒士俱欢颜"的心声。

山东大学张忠纲教授认为，诗人杜甫被尊为"诗圣"，是经历了一个过程的。宋人是视杜甫为诗圣的，但诗圣成为杜甫的专称则在明代中后期以后。而杜甫被称为诗圣，包括两个方面的意义：一是指诗艺的高超绝伦，二是指道德修养达到极高的境界，足以为人师表，为人们所景仰和崇拜。杜甫忧国忧民的爱国思想，仁民爱物的博大胸襟，舍己为人的奉献精神和精妙绝伦的诗歌艺术，仍是我们应继承和发扬光大的。他诗圣的桂冠是当之无愧的。

小贴士

二、阅读评传：领略笔底波澜

学习任务

1. 阅读莫砺锋的《杜甫评传》（节选），思考为什么集诗歌大成者会是杜甫。

2. 根据自己的研究选题自主选择相关阅读材料，做好笔记。

3. 用文字或者图画画出你心中的杜甫，或者为游览杜甫草堂写份导游词。

《杜甫评传》①（节选）

莫砺锋

在初唐，诗人们对他们所继承的诗歌遗产采取了两种态度。以唐太宗为核心的宫廷诗人虽然说过一些反对绮靡文风的话，但他们的创作实践却仍是陈、隋诗风的继续。由隋入唐的虞世南、陈叔达、李百药、欧阳询等人当然不可能突然改弦易辙，稍晚的长孙无忌、上官仪等也随波逐流。当时名闻天下的上官仪提出"六对""八对"之法，又与许敬宗等撰《瑶山玉彩》摘录丽句，说明他们所注意的重点正是南朝诗的藻翰骈俪，并力图在这方面更进一步。

———————————

① 莫砺锋著. 杜甫评传. 南京：南京大学出版社，2011：52～59. 有删节.

武后执政时，杜审言、沈佺期、宋之问等人则更加注重继承南朝诗人在回忌声病方面的成就，终于完成了五七言诗的律化。显然，这些诗人对前代诗歌的艺术手段作了较好的继承和借鉴，但在题材内容上则未能明辨良莠而得前人之精华。

另一种倾向则发轫于"初唐四杰"，四杰对诗歌律化也有贡献，但更大的贡献则在于将诗歌题材由宫廷、台阁扩大到江山朔漠之间，对前朝遗留下来的淫靡诗风有所抵制。及至陈子昂出，乃大张旗鼓地以恢复"汉魏风骨"相号召，要求从建安、正始时代的诗歌中汲取力量以开辟唐诗的疆土。由于陈子昂的革新主张为唐诗的健康发展指明了方向，所以得到后人极高的赞赏，但是我们在肯定陈子昂历史功绩的同时，也必须指出他对前代诗歌在艺术手段和艺术形式方面的成就显然注意不够，有时还抱有偏见。

到了盛唐，唐诗的鼎盛时代来临了。后人往往认为盛唐诗坛上有山水田园诗派和边塞诗派两个诗人群体，这样概括不太准确，但大致上说出了当时诗坛上的两种倾向：孟浩然、王维、常建、储光羲等人的作品极为成功地描绘了美丽幽静的自然风光，借以反映其宁谧的心境，他们主要是陶渊明和大小二谢的后继者，而意境的完整和措语的精深华妙则超过前贤。高适、岑参、李颀、王昌龄等人的边塞诗既歌颂了抵抗侵略的胜利及爱国将士的奋勇精神，也控诉了开边战争的不义及战争对人民和平生活的破坏，这些诗交织着英雄气概与儿女衷情，兼有悲凉慷慨和缠绵宛转之情。这些诗人主要是源于建安诗人和刘琨、鲍照，论内容之丰富与气概之雄大则后来者居上。程千帆师用"隐士"和"侠少"的形象来说明这两种倾向，并认为"这实质上也就反映了他们由于生活道路千差万别的曲折而形成的得意与失意、出世与入世的两种互相矛盾的思想感情。不同的生活道路与不同的生活态度，使他们或者成为高蹈的退守者，或者成为热情的进取者，或者因时变化，两者兼之。前人所谓'盛唐气象'，在很大程度上，指的就是这种富于浪漫气息的精神面貌。"这种浪漫主义诗歌的最高成就的体现者无疑是李白。李白热爱现实生活中一切美好事物和追求精神自由的天性，使他既能热情地讴歌壮丽的自然和社会乃至心灵中的光明面，又能对一切黑暗、丑陋的现象表示无比的轻蔑，从而使其作品内涵之丰富深邃超越了王、孟、高、岑等人。同时，李白那惊人的天才又使他能得心应手地运用各种艺术手段创造出飘逸、壮丽的艺术风格，从而成为"众星罗秋"（李白《古风五十九首》之一）的盛唐诗坛上最为耀眼的明星。

然而，诗歌史上"集大成"的使命仍然有待于杜甫来完成。

如上所述，五七言诗发展到盛唐已经臻于极盛，但是还没有人对之进行全面的总结。杜甫之外的盛唐诗人在某些题材取向、某种诗歌样式、某种风格倾向上各擅胜场，但往往长于此而短于彼，或者竟是能此而不能彼。即使是王维和李白也有这样的缺点。王维的艺术才能非常全面，对五七言古今体诗的各种样式都很擅长，他在题材取向上也没有局限于山水、田园，可是他显然对当时社会的黑暗面缺乏了解，即使在安史之乱前后也没有写过什么属于揭露和批判意义的作品。内容的偏颇使他在艺术上主要继承了陶渊明、谢朓的长处，而与其他风格的前代诗人没有多少关系。李白的视野远比王维广阔，对于唐帝国的政治日趋黑暗的现象有极敏锐的感受和深刻的揭露，但李白对南朝诗歌艺术的看法显然受到陈子昂的影响，《本事诗·高逸第三》中记载李白说："兴寄深微，五言不如四言，七言又其靡也，况使束于声调俳优哉！"这也许是传闻失实，但他在《古风五十九首》之一中确实说过"自从建安来，绮丽不足珍"，这与陈子昂"汉魏风骨，晋宋莫传"之语是桴鼓相应的，这种观点肯定影响了李白对形式严整、手法工细的律诗艺术作仔细的推敲，当然他那挥洒自如的写作方式也是原因之一。

杜甫则不然。杜甫对前代的文学遗产有十分清醒的认识和十分虚心的态度，他有诗云："未及前贤更勿疑，递相祖述复先谁？别裁伪体亲风雅，转益多师是汝师。"（《戏为六绝句》之六）他对于从《诗经》《楚辞》、汉魏乐府、汉代文人五言诗（即所谓"李陵""苏武"）、建安诗人曹植、刘桢、正始诗人阮籍、嵇康、南朝诗人陶渊明、谢灵运、谢朓、鲍照、何逊、阴铿、庾信直到初唐诗人沈佺期、宋之问、四杰、陈子昂等的诗歌传统都有所论述，既能知其长，也能知其短，而且在创作实践中努力汲取、借鉴这些长处。元稹在《唐检校工部员外郎杜君墓系铭》中说："至于子美，盖所谓上薄风骚，下该沈、宋，古傍苏、李，气夺曹、刘。掩颜、谢之孤高，杂徐、庾之流丽，尽得古今之体势，而兼人人之所独专矣。"秦观《韩愈论》中则进一步指出："杜子美之于诗，实积众家之长，适其时而已。昔苏武、李陵之诗，长于高妙；曹植、刘公干之诗，长于豪逸；陶潜、阮籍之诗，长于冲淡；谢灵运、鲍照之诗，长于藻丽。……"此外，杜甫对前人写过的题材内容也兼收并蓄，而且使它们互相渗透、融合，从而组成了一个有机的整体。在杜诗中，从朝政国事到百姓生计，从山川云雨到草木虫鱼，整个外部世界都与诗人的内心世界融合无间，并被纳入儒家的政治理想、伦理准则、审美规范的体系之中。对于前人的艺术手段，杜甫也同样地兼收并蓄，并熔铸成一种和谐的全新艺术风貌：格律严整而气势磅礴，字句凝练而意境浑然，成语典故与口语俗字并得妙用，泼墨濡染与工笔细描同臻极致。杜甫之所以能取得如此辉煌的成就，一方面固然是由于他个人的艰苦努力等主观因素；另一方面也离不开时代为他准备了丰富的诗歌遗产这个客观因素，用秦观的话来说，就是"岂非适当其时故耶？"。

杜甫所处的时代又是古典诗歌史上发生重大转变的关键时代。后人在唐诗分期的问题上尽管众说纷纭，但无论是严羽《沧浪诗话·诗体》中提出的"五体"说，还是元人杨士弘《唐音》中提出的三分法，或者明人高棅《唐诗品汇》中提出的、对后代影响最大的"四唐"说，都把玄宗天宝末视为分界线，在那以前是"盛唐"，在那以后则为"大历体"或"中唐"。也就是说，天宝末是人们公认的唐诗转折点。而且这个转折点的意义还不仅仅局限于有唐一代之诗，对于整个古典诗歌发展史来说，天宝末同样是一个转折点。清人叶燮对所谓"中唐"的说法颇为不满："不知此中也者，乃古今百代之中，非有唐之所独得而称中者也。"

那么，这个转折过程的具体内容是什么呢？或者说，那个时代对诗坛风会提出了何种转变要求呢？

首先，正像上面所说的，在天宝年间也即盛唐的后期，五七言诗歌的创作实绩已经有了惊人的积累，而杜甫则以集大成者的姿态对前人的诗歌遗产进行了全面的总结。从表现对象到创作手法，从诗歌体裁到修辞手段，前人在诗国中留下的丰富积累都在盛唐诗尤其是杜诗中汇总起来了。至此，古典诗歌已经发展到了一个顶峰，"若无新变，不能代雄"（萧子显《南齐书·文学传论》），五七言诗要想继续向前发展，就再也不能沿袭以前的轨道了。

其次，随着大唐帝国鼎盛时代的消逝，以浪漫气息为主要特征的"盛唐气象"也悄然逝去了。动乱的社会、黑暗的政治和颠沛流离的生活经历，使诗人们再也唱不出高昂的充满理想光辉的歌声了。高适、王维在安史之乱以后很少作诗，岑参亦豪气销尽，再也写不出雄奇恣肆、酣畅淋漓的七言歌行了。甚至连李白也由"霓裳曳广带，飘拂升天行"转而"俯视洛阳川，茫茫走胡兵"（《古风五十九首》之十九，《李太白全集》卷一）。这一切都说明，时代已向诗人们提出了新的要求：理想必须让位给现实，诗神也必须从云蒸霞蔚的空中降临到疮痍满目的大地上来了！

上述两点在创作实践中的具体表现就是：诗歌主题要从描写理想境界转向反映社会现实，诗歌手法要从幻想、虚构和夸饰转向严格的写实，写作方式要从随意挥洒转向刻苦锻炼，艺术风格要从高华飘逸转向朴实深沉。一句话，诗歌必须从盛唐转向中唐，并进而转向晚唐与宋诗了。

在短短的二十来年中要使诗歌实现如此大幅度的转变，需要有一位既属于盛唐又属于中唐，既能对前一个时代的诗歌作集大成式的总结，又能为后一个时代的诗歌开辟道路的诗人。杜甫就是在这个关键时刻应运而生的历史性人物。从这个意义上说，杜甫之所以能成为"诗圣"，又是受到了那个诗歌史上的特殊时代的玉成。

师生共学

信息时代，网络为我们的研究性学习提供了丰富的资源。借助网络，搜集、筛选与研究问题相关的材料。

1. 杜甫之所以能成为"诗圣"，有时代、家族、他自己人品与诗品的原因。要达到深度理解，可以分解成多个问题，尤其是核心问题"为什么杜甫能够完成诗歌史上集大成的使命"。要解决这一核心问题，可以从评传的文中寻找关键词句。阅读时，可以分解成子问题，结合《杜甫传》《杜甫评传》进行系统思考。可以通过网络阅读解决这些问题。

2. 网络可以得到很好的研究资料。如果选择"杜甫个人经历对其诗歌风格影响"这一问题为研究主题，可以通过以下关键句子在网络中寻找拓展阅读材料：论安史之乱对杜甫诗歌创作风格的影响、分析杜甫的生活经历对他的诗作品的影响、诗圣杜甫的人生经历、杜甫在成都的生活经历、杜甫诗歌及其风格理解。

如果选择"杜甫成为诗圣的原因探析"，可以通过以下关键句子寻找拓展阅读材料：杜甫成为"诗圣"的主客观因素、杜甫"诗圣"论、论杜甫成为"诗圣"的内因和外因。

同伴分享

下面是同伴做的阅读笔记，第一个聚焦核心问题，进行多角度分析；第二、第三个抓住了学习杜甫诗歌的关键点，做摘要式笔记。

1. 某学生归纳梳理出杜甫能够完成诗歌史上集大成的使命的原因。

与杜甫的才情有关：杜甫是一位感性与知性兼长的诗人，既能把握事物本质，理性思考，又有敏感和激情；他关注人格修养，感情与道德合一。

与杜甫对文化遗产的认识和态度有关：杜甫对前代的文学遗产有十分清醒的认识和十分虚心的态度，他有诗云："未及前贤更勿疑，递相祖述复先谁？别裁伪体亲风雅，转益多师是汝师。"既能知其长，也能知其短，而且在创作实践中努力汲取、借鉴这些长处。对前人写过的题材内容也兼收并蓄，而且使它们互相渗透、融合，从而组成了一个有机的整体。对于前人的艺术手段，杜甫也同样地兼收并蓄，并熔铸成一种和谐的全新艺术风貌。

还受到了那个诗歌史上的特殊时代的玉成：杜甫所处的时代是古典诗歌史上发生重大转变的关键时代，五七言诗发展到盛唐已经臻于极盛，但是还没有人对之进行全面的总结。杜甫则得以集大成者的姿态对前人的诗歌遗产进行了全面的总结。

2. 某学生的阅读记录（表2）。

表2 《杜甫评传》记录表

阅读记录表	
题目	《杜甫评传》
作者	莫砺锋
来源或出处	南京大学出版社2011年版
摘要	杜甫对前代的文学遗产有十分清醒的认识和十分虚心的态度。 对于前人的艺术手段，杜甫也同样地兼收并蓄，并熔铸成一种和谐的全新艺术风貌：格律严整而气势磅礴，字句凝练而意境浑然，成语典故与口语俗字并得妙用，泼墨濡染与工笔细描同臻极致。 杜甫之所以能取得如此辉煌的成就，一方面固然是由于他个人的艰苦努力等主观因素，另一方面也离不开时代为他准备了丰富的诗歌遗产这个客观因素，用秦观的话来说，就是"岂非适当其时故耶？"。 杜甫所处的时代又是古典诗歌史上发生重大转变的关键时代。
观点	杜甫之所以能成为"诗圣"，与其性格、才情、治学态度有关，又是受到了那个诗歌史上的特殊时代的玉成。

3. 西南交大附中李皓根据自己的研究主题作的摘要。

杜甫诗歌的主导风格是"沉郁顿挫"。

杜甫诗歌"沉郁顿挫"风格的具体内涵包括三个层面：

第一层面是诗歌的表层，包括语言、意象、结构、声调等方面，举凡语言之凝练、意象之精警、结构之波澜起伏、声调之抑扬顿挫，都给人以凝重、深沉、千锤百炼、千回百折之感，这在总体上形成了沉郁顿挫的艺术风貌。

第二个层面是诗歌的艺术构思，上文说过，"沉郁"的本义就是指文学构思而言的，而杜甫诗思之深刻堪称前无古人。杜甫构思之深刻在作品中有两点主要的体现，一是含蓄，二是曲折。例如"三吏"、"三别"这一组诗，诗人对苦难的人民表示了深切的同情，对造成战乱的统治者和叛将表示了深刻的谴责，感情极其强烈，但表现方式则相当含蓄，不但叙事精练，而且诗人的感情在字里行间自然地流露出来。

第三个层面是凝聚在诗歌中的感情和思想。杜甫受到了时代的"玉成"——他的一生主要是在"万方多难"的时代度过的。从旅食京华到漂泊湖湘，杜甫的生活是艰难的，他的亲友离散四方，他的人民处在水深火热之中，他的国家饱受战乱的蹂躏，连雄丽的蜀山都蒙上了凄怆之气。总之，杜甫以满腔的爱心去拥抱的正是一个疮痍满目的外部世界，所以他的爱中充满着同情、悲悯、愧惜，这是一种浓烈而又沉重的感情。

杜甫眼看着世间疮痍而不能救，眼看着蚩贼横行而无法除，所以深沉的感情就引起了深沉的痛苦。深挚的感情又伴随着深刻的思想，这主要体现为对国家和人民的命运的深切忧虑，以及对国家兴亡盛衰原因的深沉思考。

"沉郁顿挫"确是杜甫诗歌的总体风格。这种风格是一位感情特别深挚、思想特别深刻的诗人在动荡时代所创造的，其中又融入了深厚的学力和深沉的思想，所以它是由很多因素凝聚而成的。

第三课段　　研读评论，鉴赏诗歌

　　杜甫的诗歌被称为"诗史"，读杜甫的诗作我们可以了解他所处的那个时代。杜甫被人们称作"诗圣"，表明杜甫在我国诗歌创作中的崇高地位。但是杜甫首先是一个"人"，这个人有着复杂而多样的内心情感，从他的诗作中我们时而看到一个爱国报国的杜甫，时而看到一个忧民悲民的杜甫，时而又看到一个怀人眷亲的杜甫。本课段将在阅读他人鉴赏评论文章的基础上，多角度地感悟杜甫的情怀，重塑一个有血有肉、多面立体的杜甫。

　　我们将一起鉴赏杜甫的诗作。学习将分三个层次。1. 基础阅读，读《春夜喜雨》、《秋兴八首》的鉴赏文，把自己的解读和他人的赏析进行比较，提升鉴赏诗歌的能力。2. 拓展阅读，读《秋兴八首》(其七、其八)、《羌村三首》(其二、其三)、《石壕吏》的相关鉴赏文。3. 挑战阅读，读《江南逢李龟年》、《兵车行》、《丽人行》、《自京赴奉先县咏怀五百字》、《北征》等诗歌及鉴赏。同时，选读《唐诗鉴赏辞典》、《叶嘉莹说杜甫诗》等相关鉴赏文章，学习鉴赏诗歌的方法，从多角度领略杜甫的情怀。

　　这个课段建议使用 4 课时。

一、阅读赏析：走进诗人内心

(一)基础阅读

学习任务

1. 阅读解析《春夜喜雨》《秋兴八首》。
2. 就鉴赏的角度做批注。

仲春好雨喜煞人

——杜甫《春夜喜雨》赏析①

宋黎黎

《春夜喜雨》是杜甫于公元761年定居成都西郊浣花溪畔草堂时所作。这首诗不仅是一首写景浓郁的咏物诗，更是一首感情真挚的抒情诗。整首诗全然不见杜甫"沉郁顿挫"的风格，相反，一种欢快喜悦之情跃然纸上。诗人为何心喜？缘于一场仲春时节的好雨。什么样的雨可以被诗人称之为好雨？分析起来，这场雨好在三个方面：

适时之雨

诗的开端，诗人因这场雨"知时节"而赞叹之为"好雨"，由此奠定了全篇的感情基调。"当春乃发生"，说明这场雨来得恰到好处。分析诗歌的最后一句可知，此时因为这场春雨的洗礼，锦官城所有的花都如同"千树万树梨花开"般的竞相开放，虽然这只是诗人的想象之词，但却说明此时应属春季的仲春时节。在我国古代，人们以农耕为主要的谋生手段。因此，在这样一个农田作物处于成长阶段的时节。这样的雨自然为人们所期盼。我们都知道，杜甫于公元759年岁暮抵达成都，在旧友高适的帮助下，在浣花溪畔营建草堂。在这里，杜甫开始过着平静的躬耕南亩的农家生活。此时的杜甫，其身份与其说是诗人，不如说他是普通人民、甚至是普通农民。所以，杜甫和其他的劳动人民一样，在万物急需雨露滋润的仲春时节，盼望这样一场及时雨到来的心情，是可想而知的。而这场雨恰在人们的翘首企盼中，适时而降。

细柔之雨

在自然界中，雨的状态是多种多样的、千姿百态的，如有小雨、细雨、骤雨、大雨、暴雨；有夜雨、晨雨；有春雨、夏雨、秋雨、冬雨等等。这场春雨能够"随风潜入夜"且"润物细无声"，说明雨既细又柔，没有声息，而且是在夜里降临。这样的雨之所以被诗人称之为好雨，和现实主义诗人杜甫的爱民情怀有很大关系。

《春夜喜雨》这首诗写于公元761年。此时已是诗人定居成都的第三个年头，前面说过，杜甫在这里过着平静的农耕生活，这样的生活，使诗人有更

---

① 宋黎黎. 安徽文学(下半月)，2011(1).

多的机会接触广大的劳动人民，接触人民的现实生活。春季，正值农民农耕之际，是劳动人民最辛苦的季节。如果这场雨降落在白天，我想诗人的"喜"要打些折扣，因为白天降雨，不免会使在田间工作的农民更加辛苦，甚至耽误农事，而这场雨恰好是场夜雨，不会耽误农耕的进度。

润物之雨

自然界中，雨的状态有多种，其作用和效果也不同。诗人心喜的这场雨，是具有润物作用的一场好雨。在这样雾蒙蒙的雨意浓烈的夜晚，这场细柔的春雨应该会持续一夜，也只有这样绵长柔和的细雨，才能起到"润物"的作用。诗人看见这样的好雨，心中有着无法掩藏的喜悦，他不禁想到明天清早，锦官城内花团锦簇的娇艳美景。从诗人的想象中，可以看出，即使经过了一夜的雨水浇灌，可是花朵并未因此而零落，反而受到雨水的滋养，越发楚楚动人。这也从侧面说明了这场好雨的润物作用。

综合全篇来看，诗人的创作思路是非常清晰的，即盼雨——听雨——看雨——想雨，结构极其紧凑。通过这一连串的描写，抒发了诗人对这场春雨的喜爱之情。这首诗，全篇并无用典，语言明白晓畅，虽然通篇没有出现题目中的"喜"字，但是诗人却将这样的喜悦之情寓情于景中，寓情于物中，喜悦之情自然跃然纸上。一场普通的春雨，在诗人看来是如此的美好，如此的珍贵。无论它是"好雨知时节""润物细无声"，还是"花重锦官城"，它都与农事有关，都对劳动人民有利。因此，诗人之"喜"，是与人民密切相关的，这才是这场春雨如此之"好"的重要原因，也应该是《春夜喜雨》这首诗歌的真谛所在。

浅谈《秋兴八首》（前三首）中的秋景与悲情①（节选）

徐艳秋

"秋兴"，意指杜甫在寒风瑟瑟的秋天，触景生情而诗兴大作。他把自己对秋天的所见所感所思用诗表现出来。或许他更多的是在表现自己的"秋天"。此时的杜甫已经步入人生的"秋天"了，却体弱多病，壮志难酬，一生穷困潦倒，甚至中年还在颠沛流离。他的《秋兴》表达的不只是夔门的秋天，也是他自己人生的"秋天"。

---

① 徐艳秋.浅谈《秋兴八首》（前三首）中的秋景与悲情.亚太教育，2016(9)：289.

第一首中首联"玉露凋伤枫树林，巫山巫峡气萧森"描绘了一篇秋风萧瑟图。这里的秋天，滴下的露珠使草木开始凋零败落，秋风瑟瑟，悲凉了枫叶，凄凉了树林。巫山巫峡也被秋天的萧瑟与凄凉萦绕着，整个视野都被笼罩着浓厚的秋意。这为整首诗奠定了悲秋的基调。

颔联中描绘波浪滔天，天地合一的雄壮景象。江间的波浪拍击着河岸，高山，激起阵阵波浪，直冲云霄，或者说这巨浪就像从天上涌泄下来；而与之相对的塞上，因为其山势险峻，同样也是一片萧瑟。风云变幻，黑压压的一片直冲地面，天地一片阴沉。此时的夔门正值深秋，满眼望去都是一片萧瑟败落的景象，勾起了诗人内心的凄凉。

秋意越来越浓，秋风越来越冷。一阵秋风扫过，心中泛起阵阵寒意。"寒衣处处催刀尺"才发觉身上的衣服已经不足够抵御寒冷了，又需要赶制新衣了。站在白帝城上，听着远处传来的一阵紧接着一阵的捣制衣服的声音。那似乎是一种家的感觉，天冷了，有亲人为你捣制新衣来保持温暖，其实温暖的还有诗人的心。想到这些，诗人又泛起一股股浓重的思恋之情，思念家乡，思念亲人。

这是杜甫《秋兴八首》的第一首。诗人一开始就将浓厚的沉郁悲凉的心情显露出来，"凋伤"、"气萧森"、"接地阴"这三个词虽然描绘的是夔门这个地方的秋天，诗人却借着这样环境的感慨而抒发了自己内心的情怀。此时的杜甫已经五十六岁，步入了暮年时期，可是本该在家安享天伦之乐的他，却背井离乡，独自漂泊。没有亲人，没有朋友，什么都没有，只有一具羸弱的身躯，不知道生命会在何时何地凋零，心中不免会像此时的环境一样，凄凉。谁都想落叶归根，京城才是他的归属，那里才有他日夜牵挂的家，朋友。看到丛菊的开放，就想到了故乡，想到了动荡不安的故都，掉下了思念的眼泪，一叶扁舟带走的只有他的躯壳，带不走的是那颗一直心系着故园牵挂国家的心。

可是诗人写到这里似乎想表达的幽怨凄凉的情愫只刚刚起了头，心中还有千言万语，他还得继续说下去。

师生共学

下面是分析诗歌意象、意境的思路和方法。

读诗一定要把握其意象、体会意境。《秋兴八首（其一）》可以这样解析：

"玉露"，以玉比喻秋天的霜露，显其白。"凋伤"，表示草木在秋风中凋落、暗自哀伤或者令人哀伤。"萧森",表示萧瑟阴森,充满寒意。首联描写白露"凋伤"了漫山遍野的枫林,深秋巫山、巫峡呈现出一片萧森景象,开门见山,点明时节、地点,描绘出秋色、秋气,具有浓重感伤色彩。叶嘉莹《杜甫秋兴八首集说》评价这一联:"气象足以笼罩,而复有开拓之余地,是绝好开端。"

"江间"指巫峡,"塞上"指巫山。"兼"、"接"二字,写出浑莽之象。第二联写峡中的江涛汹涌;塞上阴风阵阵,云阴沉密布和地面贴近,极言阴晦萧森之状。眼前景和心中景连成一片,使人感到天上地下,处处惊涛骇浪,风云翻滚,阴晦惨淡,这是诗人阴沉压抑、动荡不安的心情和感受的写照。

分析诗歌的意境,常有这样的提问:"这首诗歌营造了一个怎样的意境氛围?"或稍加变化:"这首诗歌为我们展现了一幅怎样的画面?""表达了诗人什么样的思想?"两者回答基本相同。唐代诗人王昌龄说:"三曰意境。亦张之于意而思之于心,则得其真矣。"我们可从中得到启发:分析意境要感悟有我之境和无我之境,感悟诗人心思,想象其外显形象,感悟其描述的情景及表达的思想感情。

还以《秋兴八首(其一)》为例:第三联写秋菊两度盛开,"我"再次洒下眼泪;一叶孤舟靠岸系绳,牵动着"我"故园之思。"丛菊两开",指诗人于永泰元年离开成都,原打算很快出峡,但这年留居云安,次年又留居夔州,见到丛菊开了两次,还未出峡,故对菊掉泪。"开"字双关,一谓菊花开,又言泪流。孤舟系住自己的行踪,把诗人的思乡之心也牢牢地系住了,故见舟伤心,引出故园之思。

尾联写傍晚时分,清晰地听到砧声四起,在白帝城楼的高处是那么急促。妇女们正拿着裁尺和剪刀,为在外的亲人赶制御寒的衣服。"催刀尺",即催动刀尺。"白帝城",旧址在今重庆市奉节县东的白帝山上,与夔门隔岸相对。"急暮砧",黄昏时分捣衣的砧声很紧。"砧",捣衣石,这里借指捣衣发出的声音。每到秋天,家人要为远方的游子或征人制作寒衣,因此捣衣声是人间的催离声,往往会增添客子的愁绪。在这黯淡萧条的秋景和暮色中,诗人闻此声更添了孤独、忧伤之感。

这诗通过对巫山巫峡秋声秋色、秋景秋意的形象描绘,烘托出阴沉萧森的环境气氛,寄寓着诗人自伤漂泊、忧国思乡的心情。

（二）拓展阅读

学习任务

　　阅读《秋兴八首》组诗，梳理组诗脉络，思考组诗的内在逻辑联系，用图示的方式表达出来。

秋兴八首

杜　甫

其七

　　昆明池水汉时功，武帝旌旗在眼中。

　　织女机丝虚夜月，石鲸鳞甲动秋风。

　　波漂菰米沉云黑，露冷莲房坠粉红。

　　关塞极天惟鸟道，江湖满地一渔翁。

其八

　　昆吾御宿自逶迤，紫阁峰阴入渼陂。

　　香稻啄馀鹦鹉粒，碧梧栖老凤凰枝。

　　佳人拾翠春相问，仙侣同舟晚更移。

　　彩笔昔曾干气象，白头吟望苦低垂。

杜甫《秋兴八首》读后 [①]

苏　铮

　　《秋兴八首》是杜甫晚年（时年 55 岁）旅居夔州之作，八首律诗是诗人晚年达到很高艺术境界之作。

　　这组诗的艺术特色，我以为可概括为：

　　（一）八首章法结构独特，逻辑缜密。如上所述，八首诗首尾蝉联，是一个整体，不容置换，不可分割，又不可缺一。八首独自成篇，又相互照应。以第一首起兴，而后各首，或启下，或承上，或互发，或遥应，总之是一篇完整的乐章。虽有起有伏，有潜有显，有断有接，有悲有乐，但围绕主题分明，感情脉络清晰，从情感、思绪的起伏来看：第一首心催泪急，第二首由

　　[①]　苏铮. 杜甫《秋兴八首》读后. 湖北广播电视大学学报，2010(4)：82～83. 有删节.

望—听—悲，第三首从坐看到遥想，第四首有所思，第五首之惊，第六首之愁，第七首之孤(一渔翁)，第八首从欢乐到苦吟；使人读之沉浸其中，不觉冗长沉闷；一步步引人入胜，发人深思，随其起伏，受其感染，憾人心魄。

当时，唐王朝已历经八年安史之乱和吐蕃、回纥的入侵，藩镇的割据，战乱频仍，民生凋敝。流落于成都的杜甫，此时因严武去世，生活失去依靠，遂沿江东下，滞留夔州，晚景堪忧。诗人贫病交加，知交零落，壮志难酬，心境悲凉。面对夔府秋日景色，忆想昔年长安之繁华，游乐之胜事；目睹国家残破，而个人身世飘泊无依，感慨万端。一气呵成，写下《秋兴八首》这组诗，从夔州望京华，以至京华之兴衰，如曲江，如昆明池，如昆吾、御宿、渼陂，感兴不一，总不出夔府之秋色秋声。从结构衔接上看，第一首以"急暮砧"结，第二首以"落日斜"起，"落日"与"暮"相接；第二首末为月"已映洲前"花，夜已过去，第三首则以"静朝晖"接，又是一日起；第三首末，"五陵裘马"结，转到长安，第四首以"闻道长安"接；第四首末以"故国平居"止，第五首则转到"蓬莱宫阙"，前一首是峡中传闻长安之事，这一首是忆昔日长安的盛况；第五首结为"卧沧江"，想起"点朝班"之事，第六首则紧接"瞿塘峡口曲江头"，仍是从夔州联想到京华；第六首说的是"曲江头"，第七首则转说到"昆明池"，都是京华胜地，地点相接；最后，第七首是眷念京华由盛而衰，第八首又极言长安昔日游乐之盛况；终句以"白首今望（一作吟望）"照应到第二首"望京华"；从"望"字起，到"望"字终。整组诗可以说衔接得天衣无缝，浑然一体。

（二）循环往返，一唱三叹。从夔府到长安，又从京华到巫山，抚今思昔，孤凄冷峻，盛世奢靡，反复映衬，喜中含悲，泪中含情。《秋兴八首》中反复运用了循环往返的抒情方式，把读者引入诗的境界。组诗中纲是"每依北斗望京华"；枢纽是"瞿塘峡口曲江头"，把客蜀望京，抚今追昔，忧国忧民种种复杂感情交织成一个深厚壮阔的艺术境界。如第一首从眼前丛菊开放，追忆"故园"，沉思被白帝城黄昏几处砧声打断，这是从夔州到故国长安，又从长安回到夔府的一次反复；第二首由夔府孤城按北斗星的方位遥望长安，听峡中猿啼，想到"画省香炉，"这是二次往复；联翩的回想，又被山城的悲笳唤醒，这是第三次往返；第三首从在山城坐看到遥想，主要抒发悒郁不平之气，最后"五陵衣马"，又是一次从夔府到长安的往复；第四、第五首，一写长安十多年来的动乱，一写昔日京城宫阙之盛况，都是先从长安的追忆开始，最后两句，回到夔府（"秋江冷"、"沧江惊"）；第六首从瞿塘峡口到曲江头，从眼前的万里风烟到过去的歌舞升平，又是一反复；第七首从怀想盛唐时武功，回到眼前"关山极天惟鸟道"的冷落，仍是一往复；第八首从昆吾、御宿、渼陂，最后归结到"白头吟望"的现实，都是反复。由此可见循环往复是《秋兴》表达感情的基本手法和艺术特色。诗人感慨国家残破、黎民涂炭的忧思，并非他一时一地的偶发，而是自历经丧乱以来，他忧国丧世感情的集中体现。国家从盛到衰，诗人平居思之，已非一日。个中曲折，诗人不忍明言，又不能尽言，这就是他望长安、念长安，委婉低问，反复感叹的原因。这八首诗从不同角度，层层加深，不仅毫无重复之感，还起到加深印象，增强艺术感染力的效果，直达到"深愁不言"的境界。

（三）情景交融，寓情入景。情与景的和谐统一，是抒情诗中常用手法。《秋兴》是一个极好的范例。"江间波浪兼天涌，塞上风云接地阴"。一个"兼"字，一个"接"字，写出惊风骇浪，江波滔天，风云匝地，秋天萧森之气，充塞于巫山巫峡之中，形象有力，意境开阔。诗人并不是简单地再现眼前之秋景，描摹峡江湍急、塞上风紧，而是捕捉到其内在精神，到处是惊风骇浪，动荡不安，萧索晦暗，不见天日，它形象地表现了诗人内心极度的不安，翻腾起伏的忧思和郁勃不平之气，更象征国家局势的变易无常和令人忐忑不安的前景。这两句诗把峡谷的深秋，诗人的悲苦，国家的丧乱残破都概括进去了。既描绘了景物的特色，又结合个人人生体验、感情的起伏。用如此生动，有概括力的语言艺术地再现，这样描写的景物就有了生命，作者情感也有所依附。情因景显，景因情胜，语简而意无穷。此外，杜甫还善于运用强烈对比的手法，如："花萼夹城通御气，芙蓉小苑入边愁。"帝王之荒淫无节、豪奢过度，给老百姓带来异族入侵的无穷灾难和无尽"边愁"；这组诗他在前四首中多用"凋伤"、"萧森"、"他日泪"、"三声泪"、"隐悲笳"、"不胜悲"、"秋江冷"等悲秋落泪等词语写尽他的苦痛、孤独、寂寞、悲愤感受；而后四首又多用"瑶池"、"紫气"、"珠帘绣柱"、"锦缆牙樯"、"佳人拾翠"、"仙侣同舟"等等优美的词藻把昔日长安的奢靡繁华描绘得那么气象万千，充满了欢快；对长安的描写不仅与作者回忆时心情一致，也和作者当前的苍凉情感融为一个不可分割、互相衬托的整体，更有助于读者体验；用来衬托眼前的荒凉、寂寞、残破、败亡，更使人产生强烈的艺术效果。诗人在国家残败，个人暮年飘泊无依，极度忧伤抑郁之际，用笑来写悲，远比用泪写悲要困难得多。诗人越是满怀炽热地歌颂往昔，越使人感受到其老年哀伤、忧国之情弥深，其"无力正乾坤"的痛苦。这种相反相成的艺术手法，是诗人艺术功底高超，已达到炉火纯青地步的表现。

　　总之，杜甫《秋兴八首》是一个不可分割的整体，以忧念国家兴衰的爱国思想为主题，以夔州的秋日萧瑟，诗人晚年贫病缠身，孤舟飘泊，关切国家安危的沉重心情为基调。其间又穿插对长安宫殿、昆明池水的追述，表现诗人时而孤独、时而悲愤、时而欢快、时而兴奋、时而豪情满怀、时而沉郁不安的心情。八首中表现手法各不相同，又互为支撑，构成一个完整的乐章。不仅使这组抒情曲错综丰富、抑扬顿挫、开阖自如，集中突出表现了主题；更以其极高的艺术感染力，打动千百年来无数为之倾倒的吟诵者、仰慕者、后学者、研究者。

学习任务

　　"《石壕吏》中老翁是一个对国家社稷无责任心、逃避兵役的逃兵，石壕吏是一个法律的执行者。"你对这样的评价有何感想呢？

"沉而不郁，悲而不伤"
——对杜甫《秋兴八首》中沉郁顿挫诗风的体验①

毛素文

　　"沉郁顿挫"是杜甫在《进雕赋表》中对自己诗歌的一个评价，也是后世公认的杜诗的主导风格。许多评论家都就"沉郁顿挫"进行了阐释，其认识基本一致。章培恒主编的《中国文学史》认为："所谓'沉郁'，主要表现为意境开阔壮大，感情深沉苍凉；所谓'顿挫'，主要表现为语言和韵律曲折有力，而不是平滑流利或任情奔放。"袁行霈主编的《中国文学史》则认为："沉郁顿挫风格的感情基调是悲慨……沉郁，是感情的悲慨壮大深厚；顿挫，是感情表达的波浪起伏、反复低回。"从中我们看出，"沉郁"指的是诗情，是感情的悲慨壮大深厚；而"顿挫"指的是诗意，是感情的波浪起伏、反复低回，运用反复、重叠、对比、衬托等手段，使本就深沉的情感更加含蓄。杜甫的《秋兴八首》历来被认为是七律的经典，无论从内容还是技巧上，这组诗都表现出

　　① 毛素文."沉而不郁，悲而不伤"——对杜甫《秋兴八首》中沉郁顿挫诗风的体验.大众文艺，2010(24)：177.

诗人沉郁顿挫的风格。

这组诗为杜甫惨淡经营之作，写于大历元年(766)秋的夔州。诗为联章体，其间环环相扣，首尾相联，把766年的夔州与755年前的长安两个不同时空借"秋兴"连接起来。兴者，感也。因秋以发兴，故曰《秋兴》。秋气萧飒，诗人不仅从悲凉肃杀的三峡秋景中看到残破凄凉的江山，更看到自己穷途末路的残年，于是触景伤情，将自己的万千感慨通过或华美典雅，或雄浑悲凉，或平易自然的诗句表现出来。

首先，我们由全诗的色彩感来把握诗人的情感基调。《秋兴八首》中有很多具有浓厚忧郁色彩的意象，这些具体的意象体现出衰飒的秋意。如"玉露"凋伤的"枫林"(其一)，"夔州孤城"的"落日"(其二)，又如"鱼龙寂寞秋江冷，故国平居有所思"(其四)，"瞿塘峡口曲江头，万里风烟接素秋"(其六)，白露、枫林、落日、秋江、素秋这些客观物象往往笼罩着一层阴郁凄凉的色彩，充满着一种沉重悲怆的气氛，体现出杜甫伤时忧国的情怀。但这种情怀并不是悲观与消沉的，杜甫调整了从前惯用的笔法，用浓重绚丽的色彩来描绘暗淡悲哀的感情色调，开出七律中华美典雅、雄浑富丽之一体。如写帝王气象"直北关山金鼓震，征西车马羽书驰"(其四)，"西望瑶池降王母，东来紫气满函关。云移雉尾开宫扇，日绕龙鳞识圣颜"(其五)，写游幸之美"珠帘绣柱围黄鹄，锦缆牙樯起白鸥"(其六)，写旧游之乐"昆吾御宿自逶迤，紫阁峰阴入渼陂。香稻啄余鹦鹉粒，碧梧栖老凤凰枝"(其八)。诗人滞留江湖的寂寞在无奈中得到了升华，幻化为对长安热切的想象，而落寞的秋天在昔日的京华中也变得多姿多彩起来。正如郝敬所说："《秋兴八首》，富丽之词，沉浑之气，力扛九鼎，勇夺三军，真大方家如椽之笔。"

其次，再来体会诗中体现的时空感。诗人身居巫峡，心系长安，将夔州与长安连接起来，表达故国平居之思，又将昔日繁华与今日的萧瑟连接起来，形成强烈的对照，表达了诗人抚今追昔的感慨，如"夔州孤城落日斜，每依北斗望京华"(其二)，"瞿塘峡口曲江头，万里风烟接素秋"(其六)。通过巨大的时空交错，诗人十年离乱期间所蓄积的忧国伤时感情与十年前长安的歌舞升平气象错综复迭成章，纷乱的万千思绪与今昔及两地时空复线交叉，翻出种种跌宕变化。忆往昔，盼中兴，忧乱伤时，叹老悲秋，个人身世与国运民瘼联成网络。

不过，诗人忧国伤时的情感不仅仅局限于伤己，而是以小观大，从夔州、巫峡而联想到了江间塞上、天地之间以及国家的安危。"鱼龙寂寞秋江冷，故国平居有所思"（其四），"关塞极天唯鸟道，江湖满地一渔翁"（其七）。自己沦落江湖，抱负不得施展，身阻鸟道，迹比渔翁，诗人在无穷天地宇宙参照下体悟到个体的渺小和生命的短暂，产生个人对生命有限性的焦虑、忧郁和悲伤，这是对自我价值实现的强烈追求以期超越生命有限性不得而生的无奈甚至绝望的情绪。在永恒宇宙中，诗人寻找不到自我生命的价值，寻找不到令自己欣慰的生命存在意义，受儒家人生观价值观的影响，他难免慨叹人生，孤独之感油然而生，著一"一"字，愈形孤独凄凉。但诗人这里的孤独又不仅仅是一己之悲，而是"为天地立心，为生民立命"不得而形成的悲壮的孤独与寂寞，是悲天悯人的寂寞心。那种生命飘泊感与国家的动荡不安取得了共振，达到一种雄浑壮阔的艺术境界。这样，在无垠天地的衬托下，在天地与个人的对比中，蕴含着难以言传的苍凉衰飒与悲愤激楚，成为杜诗"沉郁顿挫"艺术风格的来源之一。

最后看本诗的表达方式。《秋兴八首》是因秋起兴，身居巫峡，心系京华，借盛衰之变，寄故国之思，明治乱之意。抒情是《秋兴八首》的经络气脉，叙事是它的肌肤血肉，议论是支撑全诗的筋腱骨骼，字里行间都能感受到它的思辨理性与政论色彩。大唐帝国美轮美奂、壮丽无比的巨厦顷刻坍塌，引发十余年不已的战乱。杜甫亲身经历这一事变，那切肤之痛、锥心之悲使他痛定思痛，缘事入情，披情入理，写下这"一生心神结聚"之作。在第四首的结尾作者有过提挈："鱼龙寂寞秋江冷，故国平居有所思。"这里的所思不仅是回顾往事，而是评骘得失，探究乱因，诗人所昭示的宏旨大论分明就在其中，他不仅要为自己留存十年漂泊的心迹，更要为历史记录百年沧桑，为后人探索盛衰治乱的轨迹，这是一份多么厚重而悠远的感情！

从以上三个方面我们不难看出，杜诗的沉郁顿挫并非纯粹的悲观和消沉，而是一种厚重壮大，深沉而悠远。萧涤非先生曾经说："沉，不是阴沉；郁，不是抑郁，而是沉雄勃郁"。莫砺锋先生也深刻地揭示出："杜甫以满腔的爱心去拥抱的正是一个疮痍满目的外部世界，所以他的爱中充满着同情、悲悯、惋惜，是一种浓烈而又沉重的感情。"这种无言的孤独，不像李白与天地精神相往来的豪荡恣纵、潇洒情怀，也不像王维于幽静中感受天地宇宙之流变的禅寂之美与心性，而是悲天悯人、与天地同悲同愁的情怀，沉重深广，弥漫天地。诗人融入生命的忠君爱国、忧国忧民之心而表现出的厚重，与那些"蝼蚁辈，但自求其穴"的一己私利之酸腐局促的感怀悲叹不可同日而语。这种叹怜又因理想的永不言弃而更具悲壮色彩，孤独的生命并没有在叹息中萎顿，却在叹息中充实，具有与天地同在的崇高美。正是由于那深沉厚重的生命情怀和人格力量，才使诗人的心境在空旷幽渺的时空中得以展现，天地间寓含诗人浓郁情思与丰富韵味，产生沉实厚重的兴象世界，体现出"沉而不郁，悲而不伤"的风格。

羌村三首

杜　甫

其二

晚岁迫偷生，还家少欢趣。

娇儿不离膝，畏我复却去。

忆昔好追凉，故绕池边树。

萧萧北风劲，抚事煎百虑。

赖知禾黍收，已觉糟床注。

如今足斟酌，且用慰迟暮。

其三

群鸡正乱叫，客至鸡斗争。

驱鸡上树木，始闻叩柴荆。

父老四五人，问我久远行。

手中各有携，倾榼浊复清。

苦辞酒味薄，黍地无人耕。

兵革既未息，儿童尽东征。

请为父老歌，艰难愧深情。

歌罢仰天叹，四座泪纵横。

遭际实可叹，深情更动人 ①

——杜甫《羌村三首》赏析

刘 婷

《羌村三首》就是杜甫怀着一种既深沉又复杂的心情，回到羌村家中后写成的。

诗作通过个人的遭遇及回家时的见闻感受，反映了当时人民饥寒交迫、妻离子散、朝不保夕的生存境况，以及安史之乱给人民带来的深重苦难，也深刻地表现了诗人内心的悲苦。这三首诗每首各有侧重，独立成篇，又能前后呼应，互相关联，构成了一组感人至深的还家"三部曲"。

第一首诗，概括地记录了诗人刚到家时全家老小悲喜交集的动人情景，显现出战乱时期人们特有的复杂心理，自然真切，引人共鸣。

诗人是在傍晚时分回到羌村家中的。诗作一开始就勾画出一幅乡村傍晚萧索荒凉的图景："峥嵘赤云西，日脚下平地。柴门鸟雀噪，归客千里至。"归客千里而至，还是让我们感到了一丝快慰与喜悦。"妻孥怪我在，惊定还拭泪"，突出了妻子杨氏夫人对杜甫的深挚情感。开元二十九年(741)，杜甫三十岁时始与司农少卿杨怡之女结婚，生儿育女，在唐代杜甫虽是晚婚之人，但对于妻子儿女感情至深。无论杜甫荣通困顿，妻子杨氏夫人也始终相濡以沫、不离不弃。然而在杜甫四十五岁之前的诗篇里缺乏详细描写妻儿情状的诗句。其后杜甫在携家带眷的逃亡、漂泊生涯中，与家人患难与共，产生更多具体可感的生活体验，此类诗篇大量出现，虽是写家庭亲情，却能展现时代风貌。此二句将战乱中亲人突然重逢时产生的复杂情感逼真而传神地表达了出来。《杜臆》云："家书往来，已知两存矣。直至两相面而后信，此乱世实情也。"诗人用"怪我在"、"惊定"、"拭泪"这一系列动作来刻画人物的心理状态，把妻子见到自己回来一刹那间悲喜交集的情景刻画得维妙维肖。而诗人本人在经历了种种艰辛与磨难后也发出深沉悲切的感慨："世乱遭飘荡，生还偶然遂。"适逢动乱，九死一生，既有劫后余生的庆幸，更有身遭飘荡的悲苦。"邻人满墙头，感叹亦嘘欷"，穷乡僻壤，民风淳朴，邻里之间，

---

① 刘婷. 遭际实可叹，深情更动人——杜甫《羌村三首》赏析. 青年文学家，2013(36)：52～53.

感情笃厚，听闻诗人回家争相探望。诗人一家团聚，邻人不便径入相见，暂且围满墙头感叹抽泣。"夜阑更秉烛，相对如梦寐"，这两句将乱离之人久别重逢后难以置信的恍惚心理描摹了出来。在这久别重逢之际，到了深夜也毫无睡意，一家人坐在一起，在朦胧的灯光映照下，恍若梦境。诗作虽是写一人一家之事却可以推及全天下人的悲苦，带有普遍性和典型性。

第二首诗，叙述回家后的情形，以家人（娇儿）为重点对象。在困苦之中儿女无疑会给杜甫莫大的安慰，但其内心的苦楚又是难以言说的，突显出诗人矛盾忧愁的心态。

诗人久客初归的欢乐是短暂的，在最初的愉悦与兴奋过后，萦绕在他内心的仍然是一片忧愁，"晚岁迫偷生，还家少欢趣"。杜甫此次还家，实出无奈，名义上是奉旨还家，实则得罪肃宗，与放逐无异。正值国家多事之秋，民生艰难之际，诗人却为形势所迫，守着自己的小家庭，无异于苟且偷生。百无聊赖，无所事事，此时深深牵动杜甫心肠的便是身边天真无邪的孩子，"娇儿不离膝，畏我复却去"，仇兆鳌的《杜诗详注》云："不离膝，乍见而喜，复却去，久视而畏，此写幼子情状最肖。"通过这个细节描写，表现了儿童稚嫩的心理，以娇儿的细微的心理变化和动作，反映出杜甫此时的愁苦情态。"忆昔好追凉，故绕池边树。萧萧北风劲，抚事煎百虑。"为了排遣心中愁苦，不如出去走走，想起去年夏天初来之时暑气灼人，池边纳凉，甚是快意，而今已是秋风萧瑟，寒气逼人，愁苦难耐。诗人用今昔对比来寄托胸中苦闷，诗人所谓"白虑"的重点无疑是放在国家危难和人民疾苦之上，体现出杜甫忧国忧民的深厚情感。但他却徒有此心，不为朝廷所用，在无可奈何的情况下，也只好借酒浇愁了。"赖知禾黍收，已觉糟床注。如今足斟酌，且用慰迟暮。"诗的最后四句写秋收已毕，新酒可待，开怀痛饮，也许可以聊以自慰。借酒消愁更显诗人内心之愁苦，忧思之沉重，"慰迟暮"与"晚岁偷生""抚事百虑"相照应，诉尽无限忧愁。

第三首诗，以邻人（父老）为重点对象，写乡邻的深情慰问与作者的感喟，如实地写出了劳动人民的深情厚谊，充分表现出他们的质朴品德，更深刻地反映了安史之乱对农业生产的严重破坏，表现出诗人忧国忧民、感时伤乱的心情。

"群鸡正乱叫，客至鸡斗争，驱鸡上树木，始闻叩柴荆。"《杜诗详注》云："客至鸡啼，见荒舍寂寥之景"。诗人从农家习见的事物写起，平添了生活气息，意在说明正当他心绪烦闷之时，却意外地迎来了父老的慰问。"父老四五人，问我久远行。手中各有携，倾榼浊复清"。父老乡亲四五人约好了，各自携带着自家酿制的清浊不一的老酒来看望杜甫。"苦辞酒味薄，黍地无人耕。兵革既未息，儿童尽东征。"父老乡亲自家所酿薄酒，聊表心意，"苦辞酒味薄"本是父老乡亲劝酒之言，却巧妙地说出了当时由于战争造成农村凋敝萧条的情形。于不经意中将国家大事、社会时局从父老乡亲的家常话中表现出来，也正显示出杜诗"诗史"的特征。在这偏远的山村，在这艰难的岁月，乡亲们还如此看重情义礼节，这份淳厚的民风乡情更使杜甫格外感动。"请为父老歌，艰难愧深情。歌罢仰天叹，四座泪纵横。"《杜臆》云："儿当兵革，故莫耕而酒薄，此正艰难处，乃能用情如是，故感而有愧。"诗的最后四句着重写诗人的感慨，意味深沉。在此时局危急、民不聊生的日子里，面对父老乡亲的深情厚谊，杜甫被深深地感动了，长歌当哭，乃至仰天长叹，除了对父老的诚挚谢意之外，也有对时代艰难、国家多难、民生凋敝，以及对个人身世遭遇的喟叹。这些内容虽没明写，但可以从诗作描绘的情景中体会，通过联想和想象，丰富诗的内涵，增强诗的感染力。

明代王慎中评《羌村》曰："三首俱佳，而第一首尤绝，一字一句，缕出肺肠，才人莫知措手，而婉转周至，跃然目前，又若寻常人所欲道者。"三首诗作密切联系时事，篇篇发自肺腑，笔法含蓄深沉，不仅道出了诗人的真情至性，反映了诗人个人的悲欢离合，而且以诗人的亲身经历，反映了广大民众因战乱而遭受的苦难，展示出时代的真实面貌，抒发了诗人忧国忧民的伟大情怀。

诗人之所以能在特定的生活中，创造出一系列感人至深的充满真挚情感的动人诗篇，正是因为个人的命运同时代的苦难纠结在一起，同时诗人具有高尚的道德情操、伟大的人格魅力以及洁身自爱的崇高精神、宽广博大的无私胸怀，他透过个人的不幸看到了国家的不幸、人民的不幸并且从个人的苦难中解脱出来，将个人的命运化入到更广阔的社会人生；从对个人生活的深厚感情延伸到对广大民众抱有深厚的感情，并由此而对人民命运怀有深刻的责任感。以个人的不幸为起点，以国家人民的不幸为结点，这种由近及远、由己及人的情感延伸，是诗人内在思绪的真实流动。而这恰恰使得杜甫的诗作具有震撼人心的动人力量，无怪乎梁启超先生称杜甫为"情圣"。联系现实，重读经典，解读古人，诗人身上这些美好的特质对于生活在当今这个物欲横流、越来越功利化的社会中的人们不无借鉴意义。

石　壕　吏

杜　甫

暮投石壕村，有吏夜捉人。

老翁逾墙走，老妇出门看。

吏呼一何怒，妇啼一何苦。

听妇前致词，三男邺城戍。

一男附书至，二男新战死。

存者且偷生，死者长已矣。

室中更无人，惟有乳下孙。

有孙母未去，出入无完裙。

老妪力虽衰，请从吏夜归。

急应河阳役，犹得备晨炊。

夜久语声绝，如闻泣幽咽。

天明登前途，独与老翁别。

还《石壕吏》中老翁和石壕吏两个人物的历史本来面目 ①

迟乃鹏

"三吏"、"三别"组诗为杜甫的名篇，而《石壕吏》又为"三吏"、"三别"中的名篇。人们在评价杜诗的思想性时，一般不会忘记例举"三吏"、"三别"，尤其是"三吏"、"三别"中的《石壕吏》，由此可见《石壕吏》一诗在杜诗中的重要地位。然而时至今日，人们对《石壕吏》中老翁和石壕吏这两个人物的历史真实形象，却知之甚少，至少可以说是并不全面，并由此而带来对此诗评价上的扭曲。

要弄清历史上真实的老翁这一形象，须从唐代的府兵制说起。唐朝承接隋朝，在兵制上实行府兵制。虽然唐朝的府兵制在执行的过程中有所变化以至于废，但对何者为"兵"，却并无多大变动。何者为"兵"，曰：成丁即为

---

① 迟乃鹏．还《石壕吏》中老翁和石壕吏两个人物的历史本来面目．杜甫研究学刊，2004(1)：
27～29.

兵。何谓成丁?《通典·食货七》云:

大唐武德七年定令,男女始生为黄,四岁为小,十六为中,二十一为丁,六十为老。神龙元年,韦皇后求媚于人,上表请天下百姓年二十二成丁,五十八免役,制从之。韦庶人诛后,复旧。天宝三载十二月制,自今以后,百姓宜以十八以上为中男,二十三以上成丁。

由上可知,唐时男子是否成丁,不同时期有不同规定,或二十一,或二十二,或二十三,或是其他年龄。男子是否成丁,既同唐朝的田赋制度有关,也同兵制有关。男子成丁之后,如果家庭背景没有可以免服兵役的特权,即意味着已经是兵。《新唐书》卷五十《兵志》云:"凡民二十为兵,六十而免。"此乃唐太宗实行府兵制时,对兵的年龄的规定。也就是说,只要成丁即年及二十,则从成丁之年开始以至于"老",即到六十为止,此人始终是一个"兵",而不论其是在前线抑或是在家中务农等。未到成丁之年,则非兵。杜甫《新安吏》所谓"府帖昨夜下,次选中男行。中男绝短小,何以守王城"。非"兵"的中男而被选征战,此乃非常时期不得已而为之者,非常规也。当正选成丁之人已经选无可选之时,只好"次选"到中男。不仅选到中男,甚至于《石壕吏》中的老妇,也被迫"急应河阳役",这正是当时唐王朝军事态势十分吃紧所致。

对府兵制的好处,《新唐书》卷五十《兵志》云:"府兵之制,居无事时耕于野"。也就是说,当没有征戍或是战争之时,可以在家种地,寓兵于农。

那么,《石壕吏》中的老翁是否应该是一个兵呢?笔者以为应是。诗中老妇云:"室中更无人,惟有乳下孙。"则杜甫笔下的这对老翁老妇刚是抱孙的年纪。此孙又为谁之后?笔者以为应是老翁老妇长子之后,因为封建社会诸子娶妻,一般都是从长子开始。既然此孙正当哺乳期,又可证长子当完婚不久。长子初初得子,而次子、三子又到了成丁的年龄,则长子的年龄不会超过三十岁。假如次子和三子还是中男,则长子的年龄更小。中国封建社会讲究"不孝有三,无后为大",故有早婚习俗。如果以老翁及其长子都是二十多岁完婚,则老翁的年龄也就是五十左右。也就是说,从老翁的年龄以及唐朝法律的规定来看,老翁还应当是个兵。

既然老翁还是个兵,就有依法服兵役的义务,而他却在官府点其为兵时,以"逾墙走"的方式逃避兵役。因此,如果我们说《石壕吏》中"逾墙走"之老翁,乃一对国家社稷无责任心逃避兵役之逃兵,恐怕并不为过。

再看石壕吏。捉人的石壕吏乃官府中人，其捉人必有依据，正如杜甫《新安吏》诗中之新安吏，之所以违背兵制规定选中男征战，是有"府帖"为依据。当"县小更无丁"而前线又急需兵源时，只好选及中男。《新唐书》卷五十《兵志》云："凡发府兵，皆下符契，州史与折冲勘契乃发。"所谓"府帖"，正指"州刺史与折冲勘契"过的发兵之符契，是石壕吏捉人，也必有符契为依据，而老翁也确属被征之人。由此可见，捉人的石壕吏只不过是在执行公务而已，或者说他是一位法律的执行者。既然老翁在唐朝法律意义上仍然是个兵，那么作为一个公民，则有义务为国征战，石壕吏捉人并无过错。退一步说，即便老翁年龄已经超过"兵"的法定年龄六十岁，但在国难当头之际，难道就不应该为国效力了吗？须知，杜甫写作此诗之时，正是唐王朝围困相州的九镇六十万大军溃败不久，连郭子仪也被迫退守洛阳，而当时洛阳的留守崔圆、河南尹苏震等大小官员则四散而逃，国家危急，社稷危急，急需征调大量的兵员充实前线，故杜甫自洛阳往关辅行进的路上，到处都可以看到征兵的情况，因有反映征兵内容的《石壕吏》《新安吏》《新婚别》诸诗。既然不足为"兵"年龄的"中男"尚且被征入伍，那么超过为"兵"年龄的老者被征也就不足为奇。

有人说，石壕吏之所以"夜捉人"，是由于被捉之人夜里必然在家，故此才选在夜里行动，来个突然袭击，这样一捉一个准，由此可见石壕吏之毒辣。对此，笔者不以为然。石壕吏之所以"夜捉人"，实乃由于军情紧急，正如《新婚别》中的那个男子，也是由于军情紧急，才不得不头天完婚，第二天即走向战场。不了解那段历史，则难免臆说连连。

明乎老翁和石壕吏这两个人物的历史真实形象，我们也就对杜甫写作此诗时的心态和思想，有了一个比较全面的认识。一方面，杜甫认为国难当头，国家不能不保，社稷不能不保，故石壕吏夜捉人实乃天经地义，只不过是在态度上有所生硬，所谓"吏呼一何怒"是也。但是"吏呼"之所以"一何怒"，难道又同"逾墙走"之老翁没有因果关系吗？从上司所发符契和户籍簿书来看，老翁应属被征之人，却在石壕吏的眼皮底下逾墙逃跑，石壕吏又如何向上司交待？另一方面，《石壕吏》中的老翁及其一家，也实在令诗人同情，由于战乱，二子战死，子媳"出入无完裙"，尚有嗷嗷待哺的"乳下孙"，老翁自己年纪又已老大，却仍要走向鬼队，情何以堪？倘若老翁果真走上前线，则家中只剩下老妇、子媳和乳下孙三人，她们将怎样维持这个家？故老翁逾墙而走，又实在是不得已而采取的下策，其情其景令人歔欷。可以这样说，本诗中的老翁是作为"民"的形象出现的，而石壕吏则是作为"国"的形象出现的。杜甫认同石壕吏捉人，是他爱国思想的体现；杜甫认为老翁和老翁的一家人值得同情，是他爱民思想的体现。然而爱国和爱民又不可兼得，认可老翁逾墙走则无疑与其爱国思想矛盾；否定老翁逾墙走则无疑与其爱民思想抵牾。正是这种矛盾心理，才促使杜甫写下这首看似主观思想情感并不强烈的《石壕吏》一诗。因此，此诗在写作上，并非是使用了所谓"寓主观于客观"手法，而是当时客观的现实，反映到杜甫主观思想以后矛盾心理的真实写照。正是由于心理矛盾，故内在的情感也就不可能偏向任何一方，既不能偏向"国"，也不能偏向"民"，因而才给人以看似纯客观叙述的感觉。《石壕吏》一诗如此，《新安吏》以及"三别"中的其他诗作也是如此。如果说是使用了"寓主观于客观"的手法，那么其主观的情感也绝不是像某些人所说的，是对民的同情和对吏的憎恶，而是对国之爱和对民之爱的矛盾心理。

那么，把老翁说成是一个对国家社稷无责任心逃避兵役的逃兵，而把石壕吏说成是一个法律的执行者，是否会影响对杜甫此诗思想性的评价呢？答曰：并不影响。恰恰相反，揭示老翁和石壕吏两个人物历史上和法律上的本来形象，更能凸显出杜甫的确是一位既爱国又爱民的伟大诗人，只不过在此诗中，杜甫爱国爱民的思想，是在爱国爱民难以两全的矛盾心理支配下，而以一种看似纯客观叙述的形式表现罢了。可以这样说，杜甫爱国爱民的思想在此诗中得到了高度而集中的体现。正由于此，此诗也就更具典型意义。因此，弄清此诗中老翁和石壕吏这两个人物历史上的真实形象，对于理解此诗的主旨，以及"三吏""三别"中的其他诗作的主旨，当大有裨益。

师生共学

《石壕吏》是初中学过的诗歌，高中再读当温故而知新，通过阅读《还〈石壕吏〉中老翁和石壕吏两个人物的历史本来面目》这种有新意的解读文章，会发现要有自己独到的见解，首先必须不迷信权威的解读，其次要掌握一定史料，第三要比较分析，最后敢于提出自己独到的见解。《还〈石壕吏〉中老翁和石壕吏两个人物的历史本来面目》的作者，在研究唐代的府兵制后，才对杜甫爱国和爱民不可兼得时的思想矛盾有准确地把握，提出还老翁和石壕吏两个人物的历史本来面目的新见解。所以见解要具合理性，不能仅仅为了追奇而扭曲文本的创作初心。

二、领悟情怀：多种角度解析

挑战阅读

1. 阅读《〈江南逢李龟年〉鉴赏》，思考杜甫为什么用这个诗题。

2. 改写《北征》部分诗句为散文。

3. 《北征》被称作是用诗歌写的《陈情表》，基础好的同学可以依照李密的《陈情表》，将《北征》改写为陈情表。

江南逢李龟年

杜　甫

岐王宅里寻常见，崔九堂前几度闻。

正是江南好风景，落花时节又逢君。

《江南逢李龟年》鉴赏 ①

刘学锴　余恕诚

　　这是杜甫绝句中最有情韵、最富含蕴的一篇。只二十八字，却包含着丰富的时代生活内容。如果诗人当年围绕安史之乱的前前后后写一部回忆录，是不妨用它来题卷的。

　　李龟年是开元时期"特承顾遇"的著名歌唱家。杜甫初逢李龟年，是在"开口咏凤凰"的少年时期，正值所谓"开元全盛日"。当时王公贵族普遍爱好文艺，杜甫即因才华早著而受到岐王李范和秘书监崔涤的延接，得以在他们的府邸欣赏李龟年的歌唱。而一位杰出的艺术家，既是特定时代的产物，也往往是特定时代的标志和象征。在杜甫心目中，李龟年正是和鼎盛的开元时代、也和自己充满浪漫情调的青少年时期的生活，紧紧联结在一起的。几十

---

① 萧涤非，程千帆等．唐诗鉴赏辞典．上海：上海辞书出版社，1983：599～601.

年之后，他们又在江南重逢。这时，遭受了八年动乱的唐王朝业已从繁荣昌盛的顶峰跌落下来，陷入重重矛盾之中；杜甫辗转漂泊到潭州，"疏布缠枯骨，奔走苦不暖"，晚境极为凄凉；李龟年也流落江南，"每逢良辰胜景，为人歌数阕，座中闻之，莫不掩泣罢酒"（《明皇杂录》）。这种会见，自然很容易触发杜甫胸中本就郁积着的无限沧桑之感。"岐王宅里寻常见，崔九堂前几度闻。"诗人虽然是在追忆往昔与李龟年的接触，流露的却是对"开元全盛日"的深情怀念。这两句下语似乎很轻，含蕴的感情却深沉而凝重。"岐王宅里""崔九堂前"，仿佛信口道出，但在当事者心目中，这两个文艺名流经常雅集之处，无疑是鼎盛的开元时期丰富多彩的精神文化的渊薮，它们的名字就足以勾起对"全盛日"的美好回忆。当年出入其间，接触李龟年这样的艺术明星，是"寻常"而不难"几度"的，现在回想起来，简直是不可企及的梦境了。这里所蕴含的天上人间之隔的感慨，是要结合下两句才能品味出来的。两句诗在迭唱和咏叹中，流露了对开元全盛日的无限眷恋，好像是要拉长回味的时间似的。

梦一样的回忆，毕竟改变不了眼前的现实。"正是江南好风景，落花时节又逢君。"风景秀丽的江南，在承平时代，原是诗人们所向往的作快意之游的所在。如今自己真正置身其间，所面对的竟是满眼凋零的"落花时节"和皤然白首的流落艺人。"落花时节"，像是即景书事，又像是别有寓托，寄兴在有意无意之间。熟悉时代和杜甫身世的读者会从这四个字上头联想起世运的衰颓、社会的动乱和诗人的衰病漂泊，却又丝毫不觉得诗人在刻意设喻，这种写法显得特别浑成无迹。加上两句当中"正是"和"又"这两个虚词一转一跌，更在字里行间寓藏着无限感慨。江南好风景，恰恰成了乱离时世和沉沦身世的有力反衬。一位老歌唱家与一位老诗人在飘流颠沛中重逢了，落花流水的风光，点缀着两位形容憔悴的老人，成了时代沧桑的一幅典型画图。它无情地证实"开元全盛日"已经成为历史陈迹，一场翻天覆地的大动乱，使杜甫和李龟年这些经历过盛世的人，沦落到了不幸的地步。感慨无疑是很深的，但诗人写到"落花时节又逢君"，却黯然而收，在无言中包孕着深沉的慨叹，痛定思痛的悲哀。这样"刚开头却又煞了尾"，连一句也不愿多说，真是显得蕴藉之极。沈德潜评此诗："含意未申，有案未断"。这"未申"之意对于有着类似经历的当事者李龟年，自不难领会；对于后世善于知人论世的读者，也不难把握。像《长生殿·弹词》中李龟年所唱的："当时天上清歌，今日沿街鼓板"，"唱不尽兴亡梦幻，弹不尽悲伤感叹，凄凉满眼对江山"等等，尽管反复唱叹，意思并不比杜诗更多，倒很像是剧作家从杜诗中抽绎出来似的。

四句诗，从岐王宅里、崔九堂前的"闻"歌，到落花江南的重"逢"，"闻""逢"之间，联结着四十年的时代沧桑、人生巨变。尽管诗中没有一笔正面涉及时世身世，但透过诗人的追忆感喟，读者却不难感受到给唐代社会物质财富和文化繁荣带来浩劫的那场大战乱的阴影，以及它给人们造成的巨大灾难和心灵创伤。确实可以说"世运之治乱，华年之盛衰，彼此之凄凉流落，俱在其中"（孙洙评）。正像旧戏舞台上不用布景，观众通过演员的歌唱表演，可以想象出极广阔的空间背景和事件过程；又像小说里往往通过一个人的命运，反映一个时代一样。这首诗的成功创作似乎可以告诉我们：在具有高度艺术概括力和丰富生活体验的大诗人那里，绝句这样短小的体裁究竟可以具有多大的容量，而在表现如此丰富的内容时，又能达到怎样一种举重若轻、浑然无迹的艺术境界。

北　征

杜　甫

归至凤翔，墨制放往鄜州作。

皇帝二载秋，闰八月初吉。杜子将北征，苍茫问家室。维时遭艰虞，朝野少暇日。顾惭恩私被，诏许归蓬荜。拜辞诣阙下，怵惕久未出。虽乏谏净姿，恐君有遗失。君诚中兴主，经纬固密勿。东胡反未已，臣甫愤所切。挥涕恋行在，道途犹恍惚。乾坤含疮痍，忧虞何时毕。靡靡逾阡陌，人烟眇萧瑟。所遇多被伤，呻吟更流血。回首凤翔县，旌旗晚明灭。前登寒山重，屡得饮马窟。邠郊入地底，泾水中荡潏。猛虎立我前，苍崖吼时裂。菊垂今秋花，石戴古车辙。青云动高兴，幽事亦可悦。山果多琐细，罗生杂橡栗。或红如丹砂，或黑如点漆。雨露之所濡，甘苦齐结实。缅思桃源内，益叹身世拙。坡陀望鄜畤，岩谷互出没。我行已水滨，我仆犹木末。鸱鸟鸣黄桑，野鼠拱乱穴。夜深经战场，寒月照白骨。潼关百万师，往者散何卒。遂令半秦民，残害为异物。况我堕胡尘，及归尽华发。经年至茅屋，妻子衣百结。恸哭松声回，悲泉共幽咽。平生所娇儿，颜色白胜雪。见耶背面啼，垢腻脚不袜。床前两小女，补绽才过膝。海图坼波涛，旧绣移曲折。天吴及紫凤，颠倒在裋褐。老夫情怀恶，呕泄卧数日。那无囊中帛，救汝寒凛栗。粉黛亦解苞，衾裯稍罗列。瘦妻面复光，痴女头自栉。学母无不为，晓妆随手抹。移时施朱铅，狼藉画眉阔。生还对童稚，似欲忘饥渴。问事竞挽须，谁能即嗔喝。翻思在贼愁，甘受杂乱聒。新归且慰意，生理焉能说。至尊尚蒙尘，几日休练卒。仰观天色改，坐觉祅气豁。阴风西北来，惨澹随回鹘。其王愿助顺，其俗善驰突。送兵五千人，驱马一万匹。此辈少为贵，四方服勇决。所用皆鹰腾，破敌过箭疾。圣心颇虚伫，时议气欲夺。伊洛指掌收，西京不足拔。官军请深入，蓄锐何俱发。此举开青徐，旋瞻略恒碣。昊天积霜露，正气有肃杀。祸转亡胡岁，势成擒胡月。胡命其能久，皇纲未宜绝。忆昨狼狈初，事与古先别。奸臣竟菹醢，同恶随荡析。不闻夏殷衰，中自诛褒妲。周汉获再兴，宣光果明哲。桓桓陈将军，仗钺奋忠烈。微尔人尽非，于今国犹活。凄凉大同殿，寂寞白兽闼。都人望翠华，佳气向金阙。园陵固有神，扫洒数不缺。煌煌太宗业，树立甚宏达。

《北征》鉴赏 [①]

倪其心

这首长篇叙事诗是杜甫在唐肃宗至德二载(757)闰八月写的，共一百四十句。它像是用诗歌体裁写的陈情表，是这位在职的左拾遗向肃宗皇帝汇报自己探亲路上及到家以后的见闻感想。它结构自然而精当，笔调朴实而深沉，充满忧国忧民的情思，怀抱中兴国家的希望，反映了当时的政治形势和社会现实，表达了人民的情绪和愿望。

全诗五大段，按照"北征"即从朝廷所在的凤翔到杜甫家小所在的鄜州的历程，依次叙述了蒙恩放归探亲、辞别朝廷登程时的忧虑情怀；归途所见景象和引起的感慨；到家后与妻子儿女团聚的悲喜交集情景；在家中关切国家形势和提出如何借用回纥兵力的建议；最后回顾了朝廷在安禄山叛乱后的可喜变化和表达了自己对国家前途的信心、对肃宗中兴的期望。它像上表奏章一样，写明年月日，谨称"臣甫"，恪守臣节，忠悃陈情，先说离职的不安，次叙征途的观感，再述家室的情形，更论国策的得失，而归结到歌功颂德。

---

① 萧涤非，程千帆等.唐诗鉴赏辞典.上海：上海辞书出版社，1983：458～462.

这一结构合乎礼数，尽其谏职，顺理成章，而见美刺。不难看到，诗人采用这样的陈情表的构思，显然出于他"奉儒守官"的思想修养和"别裁伪体"的创作要求，更凝聚着他与国家、人民休戚与共的深厚感情。

"乾坤含疮痍，忧虞何时毕！"痛心山河破碎，深忧民生涂炭。这是全诗反复咏叹的主题思想，也是诗人自我形象的主要特征。诗人深深懂得，当他在苍茫暮色中踏上归途时，国家正处危难，朝野都无闲暇，一个忠诚的谏官是不该离职的，与他本心也是相违的。因而他忧虞不安，留恋恍惚。正由于满怀忧国忧民，他沿途穿过田野，翻越山冈，夜经战场，看见的是战争创伤和苦难现实，想到的是人生甘苦和身世浮沉，忧虑的是将帅失策和人民遭难。总之，满目疮痍，触处忧虞，遥望前途，征程艰难，他深切希望皇帝和朝廷了解这一切，汲取这教训。因此，回到家里，他虽然获得家室团聚的欢乐，却更体会到一个封建士大夫在战乱年代的辛酸苦涩，不能忘怀被叛军拘留长安的日子，而心里仍关切国家大事，考虑政策得失，急于为君拾遗。可见贯串全诗的主题思想便是忧虑国家前途、人民生活，而体现出来的诗人形象主要是这样一位忠心耿耿、忧国忧民的封建士大夫。

"缅思桃源内，益叹身世拙。"遥想桃源中人避乱世外，深叹自己身世遭遇艰难。这是全诗伴随着忧国忧民主题思想而交织起伏的个人感慨，也是诗人自我形象的重要特征。肃宗皇帝放他回家探亲，其实是厌弃他，冷落他。这是诗人心中有数的，但他无奈，有所怨望，而只能感慨。他痛心而苦涩地叙述、议论、描写这次皇恩放回的格外优遇：在国家危难、人民伤亡的时刻，他竟能有闲专程探亲，有兴观赏秋色，有幸全家团聚。这一切都违反他爱国的志节和爱民的情操，使他哭笑不得，尴尬难堪。因而在看到山间丛生的野果时，他不禁感慨天赐雨露相同，而果实苦甜各别；人生于世一样，而安危遭遇迥异；自己却偏要选择艰难道路，自甘其苦。所以回到家中，看到妻子儿女穷困的生活，饥瘦的身容，体会到老妻爱子对自己的体贴，天真幼女在父前的娇痴，回想到自己舍家赴难以来的种种遭遇，不由把一腔辛酸化为生聚的欣慰。这里，诗人的另一种处境和性格，一个艰难度日、爱怜家小的平民当家人的形象，便生动地显现出来。

"煌煌太宗业，树立甚宏达！"坚信大唐国家的基础坚实，期望唐肃宗能够中兴。这是贯串全诗的思想信念和衷心愿望，也是诗人的政治立场和出发点。因此他虽然正视国家战乱、人民伤亡的苦难现实，虽然受到厌弃冷落的待遇，虽然一家老小过着饥寒的生活，但是他并不因此而灰心失望，更不逃避现实，而是坚持大义，顾全大局。他受到形势好转的鼓舞，积极考虑决策的得失，并且语重心长地回顾了事变以后的历史发展，强调指出事变使奸佞荡析，热情赞美忠臣除奸的功绩，表达了人民爱国的意愿，歌颂了唐太宗奠定的国家基业，从而表明了对唐肃宗中兴国家的殷切期望。显然，由于阶级和时代的局限，诗人的社会理想不过是恢复唐太宗的业绩，对唐明皇有所美化，对唐肃宗有所不言，然而应当承认，诗人的爱国主义思想情操是达到时代的高度，站在时代的前列的。

综上可见，这首长篇叙事诗，实则是政治抒情诗，是一位忠心耿耿、忧国忧民的封建士大夫履职的陈情，是一位艰难度日、爱怜家小的平民当家人忧生的感慨，是一位坚持大义、顾全大局的爱国志士仁人述怀的长歌。从艺术上说，它既要通过叙事来抒情达志，又要明确表达思想倾向，因而主要用赋的方法来写，是自然而恰当的。它也确像一篇陈情表，慷慨陈辞，长歌浩叹，然而谨严写实，指点有据。从开头到结尾，对所见所闻，一一道来，指事议论，即景抒情，充分发挥了赋的长处，具体表达了陈情表的内容。但是为了更形象地表达思想感情，也由于有的思想感情不宜直接道破，诗中又灵活地运用了各种比兴方法，既使叙事具有形象，意味深长，不致枯燥；又使语言精练，结构紧密，避免行文拖沓。例如诗人登上山冈，描写了战士饮马的泉眼，鄜州郊野山水地形势态，以及那突如其来的"猛虎""苍崖"，显然含有感慨和寄托，读者自可意会。又如诗人用观察天象方式概括当时平叛形势，实际上也是一种比兴。天色好转，妖气消散，豁然开朗，显然是指叛军在失败；而阴风飘来则暗示了诗人对回纥军的态度。诸如此类，倘使都用直陈，势必繁复而无诗味，便当真成了章表。因而诗人采用以赋为主、有比有兴的方法，恰可适应表现本诗所包括的宏大的历史内容，也显示出诗人在诗歌艺术上的高度才能和浑熟技巧，足以得心应手、运用自如地用诗歌体裁来写出这样一篇"博大精深、沉郁顿挫"的陈情表。

三、品味语言：深入字里行间

（一）基础阅读

1. 结合《杜甫传》《杜甫评传》的阅读笔记，研读《自京赴奉先县咏怀五百字》这首诗及对此诗的解析，记录自己的感悟。

2. 勾画阅读材料中自己认同的最能表现杜甫情怀的句子，整合这些句子并形成自己的观点。体会其"人性的光辉"。

自京赴奉先县咏怀五百字

杜 甫

杜陵有布衣，老大意转拙。许身一何愚，窃比稷与契。居然成濩落，白首甘契阔。盖棺事则已，此志常觊豁。穷年忧黎元，叹息肠内热。取笑同学翁，浩歌弥激烈。非无江海志，潇洒送日月。生逢尧舜君，不忍便永诀。当今廊庙具，构厦岂云缺。葵藿倾太阳，物性固难夺。顾惟蝼蚁辈，但自求其穴。胡为慕大鲸，辄拟偃溟渤。以兹误生理，独耻事干谒。兀兀遂至今，忍为尘埃没。终愧巢与由，未能易其节。沉饮聊自适，放歌破愁绝。岁暮百草零，疾风高冈裂。天衢阴峥嵘，客子中夜发。霜严衣带断，指直不得结。凌晨过骊山，御榻在嵽嵲。蚩尤塞寒空，蹴踏崖谷滑。瑶池气郁律，羽林相摩戛。君臣留欢娱，乐动殷胶葛。赐浴皆长缨，与宴非短褐。彤庭所分帛，本自寒女出。鞭挞其夫家，聚敛贡城阙。圣人筐篚恩，实欲邦国活。臣如忽至理，君岂弃此物？多士盈朝廷，仁者宜战栗。况闻内金盘，尽在卫霍室。中堂有神仙，烟雾蒙玉质。煖客貂鼠裘，悲管逐清瑟。劝客驼蹄羹，霜橙压香橘。朱门酒肉臭，路有冻死骨。荣枯咫尺异，惆怅难再述。北辕就泾渭，官渡又改辙。群冰从西下，极目高崒兀。疑是崆峒来，恐触天柱折。河梁幸未坼，枝撑声窸窣。行旅相攀援，川广不可越。老妻寄异县，十口隔风雪。谁能久不顾，庶往共饥渴。入门闻号咷，幼子饿已卒。吾宁舍一哀，里巷亦呜咽。所愧为人父，无食致夭折。岂知秋禾登，贫窭有仓卒。生常免租税，名不隶征伐。抚迹犹酸辛，平人固骚屑。默思失业徒，因念远戍卒。忧端齐终南，澒洞不可掇。

《自京赴奉先县咏怀五百字》鉴赏①

俞平伯

在杜甫的五言诗里，这是一首代表作。杜甫自京赴奉先县，是在天宝十四载（755）的十月、十一月之间。是年十月，唐玄宗携杨贵妃往骊山华清宫避寒，十一月，安禄山即举兵造反。杜甫途经骊山时，玄宗、贵妃正在大玩特玩，殊不知安禄山叛军已闹得不可开交。其时，安史之乱的消息还没有传到长安，然而诗人途中的见闻和感受，已经显示出社会动乱的端倪。所以千载以后读了这首诗，诚有"山雨欲来风满楼"之感。诗人敏锐的观察力，不能不为人所叹服。

原诗五百字，可分为三大段。开头至"放歌破愁绝"为第一段。这一段千回百折，层层如剥蕉心，出语的自然圆转，虽用白话来写很难得超过它。

杜甫旧宅在长安城南，所以自称杜陵布衣。"老大意转拙"，犹俗语说"越活越回去了"；怎样笨拙法呢？偏要去自比稷与契这两位虞舜的贤臣，所志如此迂阔，岂有不失败之理。澒（huò 获）落，即廓落，大而无当，空廓而无用之意。"居然成澒落"，即果然失败了。契阔，即辛苦。自己明知定要失败，却甘心辛勤到老。这六句是一层意思，自嘲中带有幽愤，下边更逼进了一步。人虽已老了，却还没死，只要还未盖棺，就须努力，仍有志愿通达的一天，口气是非常坚决的。孟子说，"禹思天下有溺者，犹己溺之也，稷思天下有饥者，犹己饥之也，是以若是其急也。"老杜自比稷契，所以说"穷年忧黎元"，尽自己的一生，与万民同哀乐，衷肠热烈如此，自不免为同学老先生们所笑。他却毫不在乎，只是格外慷慨悲歌。诗到这里总为一小段，下文便转了意思。

隐逸本为士大夫们所崇尚。老杜说，我难道真这样的傻，不想潇洒山林，度过时光吗？无奈生逢尧舜之君，不忍走开罢了。从这里又转出意思来，既生在尧舜一般的盛世，当然人才济济，难道少你一人不得吗？构造廊

---

① 萧涤非，程千帆等．唐诗鉴赏辞典．上海：上海辞书出版社，1983：447～449．

庙都是磐磐大才，原不少我这样一个人，但我却偏要挨上来。为什么这样呢？这说不上什么原故，只是一种脾气性情罢了，好比向日葵老跟着太阳转呀。忠君爱国发乎天性，固然很好，不过却也有一层意思必须找补的。世人会不会觉得自己过于热衷功名，奔走利禄？所以接下去写道：为个人利益着想的人，像蚂蚁似的能够经营自己的巢穴；我却偏要向沧海的巨鲸看齐，自然把生计都给耽搁了。自己虽有用世之心，可是因为羞于干谒，直到现在还辛辛苦苦，埋没风尘。

下面又反接找补。上文说"身逢尧舜君，不忍便永诀"，但即尧舜之世，何尝没有隐逸避世的，例如许由、巢父。巢、由是高尚的君子，我虽自愧不如，却也不能改变我的操行。这两句一句一折。既不能高攀稷契，亦不屑俯就利禄，又不忍象巢、由跳出圈子去逃避现实，只好饮酒赋诗。沉醉或能忘忧，放歌聊可破闷。诗酒流连，好像都很风雅，其实是不得已啊。诗篇开首到此，进退曲折，尽情抒怀，热烈衷肠非常真实。

第二段从"岁暮百草零"至"惆怅难再述"。这一段，记叙描写议论并用。首六句叙上路情形，在初冬十月、十一月之交，半夜动身，清早过骊山，明皇贵妃正在华清宫。"蚩尤"两句旧注多误。蚩尤尝作雾，即用作雾之代语，下云"塞寒空"分明是雾。在这里，只见雾塞寒空，雾重故地滑。温泉蒸气郁勃，羽林军校往来如织。骊宫冬晓，气象万千。寥寥数笔，写出了真正的华清宫。"君臣留欢娱，乐动殷胶葛"两句亦即白居易《长恨歌》所云"骊宫高处入青云，仙乐风飘处处闻"。说"君臣留欢娱"，轻轻点过，却把唐明皇一起拉到浑水里去。然则上文所谓尧舜之君，真不过说说好听，遮遮世人眼罢了。

"彤庭"四句，沈痛①极了。一丝一缕都出于女工之手，朝廷却用横暴鞭挞的方式攫夺来。然后皇帝再分赏群臣，叫他们好好地为朝廷效力。群臣如果忽视了这个道理，辜负国恩，岂不等于白扔了吗？然而衮衮诸公，莫不如此，诗人心中怎能平静！"臣如忽至理，君岂弃此物"，句中"如"、"岂"两个虚词，一进一退，逼问有力。百姓已痛苦不堪，而朝廷之上却挤满了这班贪婪庸鄙、毫无心肝的家伙，国事的危险真象千钧一发，仁人之心应该战栗的。

"况闻"以下更进了一步。"闻"者虚拟之词，宫禁事秘，不敢说一定。岂

---

① "沈痛"现作"沉痛".

但文武百官如此，"中枢"、"大内"的情形又何尝好一些，或者更加厉害吧。听说大内的奇珍异宝都已进了贵戚豪门，此当指杨国忠之流。"中堂"两句，写美人如玉，被烟雾般的轻纱笼着，指虢国夫人，还是杨玉环呢？这种攻击法，一步逼紧一步，离唐明皇只隔一层薄纸了。

似乎不宜再尖锐地说下去，故转入平铺。"煖客"以下四句两联，十字作对，谓之隔句对，或扇面对，调子相当地纡缓。因意味太严重了，不能不借藻色音声的曼妙渲染一番，稍稍冲淡。其实，纡缓中又暗蓄进逼之势。貂鼠裘，驼蹄羹，霜橙香橘，各种珍品尽情享受，酒肉凡品，自任其臭腐，不须爱惜的了。

文势稍宽平了一点儿，紧接着又大声疾呼："朱门酒肉臭，路有冻死骨"。老杜真是一句不肯放松，一笔不肯落平的。这是传诵千古的名句。似乎一往高歌，暗地却结上启下，令人不觉，《镜铨》夹评"拍到路上无痕"，讲得很对。骊山宫装点得像仙界一般，而宫门之外即有路倒尸。咫尺之间，荣枯差别如此，那还有什么可说的？是的，不能再说，亦无须再说了。在这儿打住，是很恰当的。

第三段从"北辕就泾渭"至末尾。全篇从自己忧念家国说起，最后又以自己的境遇联系时局作为总结。"咏怀"两字通贯全篇。

"群冰"以下八句，叙述路上情形。首句有"群冰"、"群水"的异文。仇注"群水或作群冰，非。此时正冬，冰凌未解也。"此说不妥，此诗或作于十月下旬，正不必泥定仲冬。作群冰，诗意自惬。虽冬寒，高水激湍，故冰犹未合耳。观下文"高崒兀"、"声窸窣"，作冰为胜。这八句，句句写实，只"疑是崆峒来，恐触天柱折"两句，用共工氏怒触不周山的典故，暗示时势的严重。

接着写到家并抒发感慨。一进门，就听见家人在号咷大哭，这实在是非常戏剧化的。"幼子饿已卒"，"无食致夭折"，景况是凄惨的。"吾宁舍一哀"，用《礼记·檀弓》记孔子的话："遇于一哀而出涕，予恶夫涕之无从也。""舍"字有割舍放弃的意思，说我能够勉强达观自遣，但邻里且为之呜咽，况做父亲的人让儿子生生的饿死，岂不惭愧。时节过了秋收，粮食原不该缺乏，穷人可还不免有仓皇挨饿的。像自己这样，总算很苦的了。是否顶苦呢？倒也未必。因为他大小总是个官儿，照例可以免租税和兵役的，尚且狼狈得如此，一般平民扰乱不安的情况，自必远远过于此。弱者填沟壑，强者想造反，都是一定的。想起世上有多少失业之徒，久役不归的兵士，那些武行脚色已都扎扮好了，只等上场锣响，便要真杀真砍，大乱之来已迫眉睫，自然忧从中来不可断绝，与终南山齐高，与大海接其混茫了。表面看来，似乎穷人发痴，痴人说梦，那知过不了几日，渔阳鼙鼓已揭天而来了，方知诗人的真知灼见啊！

这一段文字仿佛闲叙家常，不很用力，却自然而然地于不知不觉中已总结了全诗，极其神妙。结尾最难，必须结束得住，方才是一篇完整的诗。他思想的方式无非"推己及人"，并没有什么神秘。结合小我的生活，推想到大群；从万民的哀乐，定一国之兴衰，自然句句都真，都会应验的。以文而论，固是一代之史诗，即论事，亦千秋之殷鉴矣。

（二）挑战阅读

学习任务

阅读俞平伯先生和叶嘉莹先生鉴赏《自京赴奉先县咏怀五百字》的文章，比较两人观点的异同，分析杜甫诗歌的用词和创作手法，感受杜甫诗歌沉郁顿挫的风格，写出你感悟到的杜甫形象和情怀。

叶嘉莹说《自京赴奉先县咏怀五百字》[①]

这首诗的题目是《自京赴奉先县咏怀五百字》，他要咏的是他自己的"怀"，是他的怀抱和志意。杜甫的诗不但每个字用得都那么有力量，他整个一篇的结构章法也是非常严密的。所以他在整首诗的开端处先说自己"老大意转拙"，那正是他的怀抱和志意。

"许身一何愚，窃比稷与契。"他说的真是非常好！"许身"就是终身相许，把一生完全交付出去。

可是杜甫把自己许给了什么？他说：我"许身一何愚"，"何"是为什么，"一"是竟然如此，一直不改变；"一何"是加重语气的说法：我的许身怎么会这样愚蠢？我为什么不许给财不许给名？名利兼收岂不很好？所以是"愚"。社会上一些投机取巧的人可以不出力量就得到最大的利益，很多人以为这才是聪明，这是一般社会衡量人的错误标准；但杜甫是"拙"是"愚"：我要用最

---

① 叶嘉莹．叶嘉莹说杜甫诗．北京：中华书局，2015：52～58，63，65，68～71，73～76，83，84，91．有删节．

笨最真诚的方法来做人。

杜甫说：我对自己的许身真是太傻了！人家只要自己过得好就行了，我却想要像稷一样，使每个人都有饭吃，我还想要像契一样，让每个人都有安乐的生活。但是我只能是"窃比"：人家看我这样穷苦落魄的杜陵野老，根本不会看重我；可我自己看重自己，我希望自己能够做出像稷与契那样的功业，我是有这么一份感情的。

我们以前讲杜甫，说他是集大成的诗人。因为他的胸襟是博大的，他可以把古今南北的各种风格都融会起来。不只是他在诗歌的艺术方面融会了古今南北之大成，使他成为集大成诗人的另外一个更重要的因素是他把个人的感情与伦理的价值合一了。

而杜甫之所以难得，就在于他把诗人的感情与伦理道德合一了。杜甫的感情很真诚，可是他不是像朱彝尊这样的感情，他能够把他对于国家人民的爱写得那样真诚，以一种像别人对爱情那样深挚的感情来爱他的国家和民族，这是杜甫之所以为"诗圣"的一个重要原因。

而杜甫之所以了不起，人之称他为"诗圣"者，是因为他对于国家民族的这一份感情非常真诚，他能够把他个人最真诚的感情与伦理价值合而为一，用像爱情一样浓挚的感情来爱他的国家民族，这是没有办法放下来，令他自己也无可奈何的一份感情。

杜甫之爱国并非空口说白话，这可以由他的一生来证明。诗人，当然是用文字来写他的诗篇了。可历史上凡是最伟大的诗人，都不只是用文字来写，而是用他的生命来抒写其诗篇，用他的生活来实践其诗篇的，这样的感情才真正说得上发自内心。

杜甫真的是坚强，真的是固执！他说："白首甘契阔。"我现在四十多岁，头发已经白了，可我还是"甘"——心甘情愿地追寻，我并没有放弃。我甘心过什么样的生活？"甘契阔"。"契阔"两个字有很多的解释，但是我们来不及讲，在这首诗中，"契阔"是穷苦的意思。杜甫说：我虽然已经"白首"，但是我"甘契阔"，我甘心过这种奔波劳碌、贫贱清苦的生活，我不能够过那种吹牛拍马的生活，就像陶渊明所说的，"纡辔诚可学，违己讵非迷"（《饮酒》其九）。"辔"是马缰绳，他说：你叫我让马绕个圈子走弯曲的路，我也不是不会；可是你让我出卖了人格去做那种我认为真的是丑陋的令我感到耻辱的事情，出卖自己，违背了自己的天性，那岂不是最大的迷惑吗？所以杜甫就说，我是"甘契阔"。

什么时候才能改变自己，停止那样的追求？"盖棺事则已"，除非有一天我死了，棺材盖都盖到我身上了，这时候我平生所追求的事情才算停止。杜甫说：等到我死的那天，我"致君尧舜""窃比稷契"的感情和理想才算完结，我才能放下；不然，我"此志常觊豁"。"觊"是希望的意思，"豁"是说打开，我们常常说"豁然洞开"，这里引申为显豁、开朗、能够达成的意思。杜甫说：只要有一口气在，我就不会放弃，我就常常希望我的理想能够显达，不是做官的显达，而是说理想志愿能够实现达成。

可是，他一直没有得到这样的机会。他希望每个人都有饭吃，都能过安定的生活，然而他所看到的人民处于怎样的景况中？"穷年忧黎元，叹息肠内热。"我们说讲杜甫的诗不能不联系历史背景，这首诗的背景我已经简单交代过：天宝十三载"霖雨伤稼"，老百姓没有饭吃，一斗米就可以换一个女人做妻子；而这首诗写于天宝十四载的冬天。天宝十四载的冬天发生了什么事情？我们说唐玄宗晚年不是只知道沉溺于个人的享乐之中吗？他差不多每年冬天都要带上他最宠爱的杨贵妃，到骊山华清宫的温泉那里去避寒。天宝十四载的冬天他们照样去了，而安禄山就在这年的冬天起兵。杜甫这首诗中间有一大段写他经过骊山，玄宗还在华清宫里歌舞宴乐的情景。此时安禄山已经起兵，加之上一年的"霖雨伤稼"，天灾人祸，好多老百姓死伤在道路之上，所以是"穷年"，"穷年"就是荒年的意思。杜甫说：赶上这样的荒年，我还不是为我自己忧虑，我所忧虑的是"黎元"。"元"是说"善之类"，这是咬文嚼字的解释，"黎元"指的其实就是人。孟子认为人性本善，所谓"恻隐之心，人皆有之；羞恶之心，人皆有之"（《孟子·告子上》），人类知道自己尊重自己，其本性中有善良美好的一面。你不能把那一面斫丧了、消失了，否则你属于人的味道就会越来越少了。所以"善之类"指的就是人类。"黎"是黑色的，中国人的头发都是黑色，所以秦始皇称之为"黔首"，而"黎元"合起来正是人民百姓的意思。"穷年忧黎元"就是说：遭遇这样的荒乱之年，我为众多在饥寒之中冻饿而死的百姓而忧虑。此外，"穷年"还有另外一种解释："穷"有"尽"之意，"穷年"就是全年，杜甫说，我为饥寒中的百姓终年忧虑。想想我们的国家，怎么会落到这样的下场！

杜甫说：我虽然被人取笑，但我这种激昂慷慨的感情反而更加强烈了。后面他接着一转：你们笑我关心国家人民是傻瓜，难道我果然是傻瓜，果然没想到过隐退吗？我何尝没有想过，"非无江海志，潇洒送日月"。什么叫做"江海志"？"江海"是指隐逸，你到哪里去隐居？中国人常常以江湖与廊庙、江海与朝堂对举；所谓"江海志"就是离开朝廷到山野中去过隐居的生活。隐居的生活在个人说起来是潇洒快乐的、自由自在的。你每天吟个诗，饮个酒，那岂不是很好。像王维一样，你可以盖个庄园，跟什么人去游山玩水。杜甫说：我并不是没有到江海中去隐居的心意，我不是真的要做官，我所追求的并不是利禄。如果我真正不再关注国家的安危、人民的死活，我去过那种潇洒的生活，那当然也很好，我心中就不会再有这么多烦恼忧愁了。

我们说杜甫之所以为"诗史"，就在于他可以随物赋形，他有他自己的一个本体。他经历了不同的环境，看到了不同的事情，然后写下来，他每一个主题随时都有自由的变化。李白也是自由的，可李白飞翔在空中，你只要掌握了他的幻想，跟他在天上飞就好了，你了解不了解他的背景，这都没有太大的关系。而杜甫是"诗史"，"诗史"就不得了，他把整个时代的背景都写入诗中，其中既有整个时代的历史，也有他自己身世的经历。所以，你只有了解了他从前到后种种的经历，才知道他所有的感动都是从他自己的生命生活中反映出来的，才能够真正欣赏他的诗。

杜甫说："葵藿倾太阳，物性固莫夺。"我天生来性情如此，没有人能够用任何的强力使我改变。我不是不要改变，是我没有办法改变。讲到这里，我们可以看到杜甫的志愿。但是，并非每个人都像他那样生活，于是看看别人怎样生活呢？"顾惟蝼蚁辈，但自求其穴。""顾"就是看，他说：你就看一看那些像蝼蛄蚂蚁一样的人。"蝼蚁辈"如何？蝼蚁只知道自己挖个洞穴，然后把食物搬到洞穴里边去储存起来，这就是蝼蚁所做的事情了；有些人也是这样：先找到一个安定的所在地，然后搜刮钱财，追求富足的生活，这正是一般没有理想的人所追求的。

你杜甫不愿过蝼蚁的生活，你向往的是怎样的生活？"胡为慕大鲸，辄拟偃溟渤。"我羡慕海上的大鲸鱼的生活。"偃"本来是压平、压倒的意思，我们说"风吹草偃"，说"草上之风必偃"，风吹过来，草就倒下去；"溟渤"指那广大的海洋。杜甫说：为什么总是想像大鲸鱼那样，不管怎样的惊涛骇浪都要压倒冲过去，横渡广阔的沧海？他这句用疑问的口气来述说，"胡为"是说为什么要这个样子。我在前面说过，人的感情或者品格有时候是生下来就如此的，所以杜甫说"穷年忧黎元，叹息肠内热"，他有一种发自内心的感情，而不是由于利害。社会上的一般人都是从私人的利害来做选择，比较好一点的是从善恶或者是非来做选择，能做到这样已经是很不错的人了。可是事实上说起来，历史上流传下来的具有伟大人格的人，他们的品格一定是发自内心自然而然的。他们不是因为这样做好这样做对才这样做，而是没有办法不这样做，只有这样才觉得心里安宁。所以杜甫说"胡为慕大鲸，辄拟偃溟渤"，我为什么要羡慕大鲸鱼，要像大鲸鱼一样从广大的海洋上游过去？我为什么要这样做？如果我从利害善恶去考虑也许我不会这样做，可是我没有办法，我非这样做不可。

"终愧巢与由，未能易其节。""巢"是说巢父，"由"是说许由，都是尧舜时代清高的隐士。历史上记载说，尧在没有让位给舜之前，曾让天下给许由，许由不但不接受，而且以为尧在耳边跟他说让天下的话污了他的耳朵，于是到水边洗耳。他正在洗耳朵的时候，巢父牵着一头牛到水边喝水，问许由为何洗耳朵。许由说明原因后，巢父说：你一洗把水洗脏了，我的牛一喝水就把嘴巴弄脏了，于是把牛牵走了。这是中国古代的传统，我说过，中国古代的圣人有"清者"的道德，有"任者"的道德。所谓"清者"就是只求一己的清白而不管天下大事的人，许由、巢父的做法正是代表了"清者"的道德。杜甫说：如果让我与许由、巢父这样的人比较，我是"终愧"，我到底是惭愧的。"终"者是说到底，我到底没有办法改变，一直会如此的。我天生来就不像巢父和许由一样，对于天下之事袖手旁观，自己去做自己的隐士，所以我终于是很惭愧，而"未能易其节"。

"未能"就是我没能够、不能够这样做。不能够怎么样？不能"易其节"。

杜甫说"未能易其节"，我不能改变我的志愿和操守。那又如何？你说你要"窃比稷与契"，你关心天下，可是就没有一个机会，人家都不用你，你还有什么办法？人在困难之中总要有一个自我解决、自我安排的办法，不然就被苦难打倒了。

我没有更好的安慰生活的办法，只好一醉方休，姑且以饮酒来排遣我的忧愁。

除饮酒之外，还可以放歌呀！

杜甫所说的"放歌"是摆脱忧愁的一种方法，他说"放歌颇愁绝"，"愁绝"指无以复加、愁到极点的忧愁。他说，即使放歌，我还是觉得非常忧愁。这句也有不同的版本，有的版本是"放歌破愁绝"：我只好借放声歌唱来破除我无限的忧愁。

以上为第一段，这首诗的题目是《自京赴奉先县咏怀五百字》，所以他先把自己的整个生平、志意做了一个整体的介绍。他把自己和别人做一个对比，把求仕和求隐也做一个对比。他先说求仕和求隐的对比："非无江海志"，我难道没有隐的想法？可是我"物性固莫夺"。然后他再和别人做一个对比：你们这些聪明人"顾惟蝼蚁辈，但自求其穴"，你们只顾自己挖个洞，囤积些粮食，而我"胡为慕大鲸，辄拟偃溟渤"，我要像大鲸一样冲风破浪战胜外在世界很多危险的事情。

杜甫说他自己立定窃比稷契的志愿，如果他光说自己立定这样一个志愿，这还只是主观的叙述。

现在杜甫是说有别的路可走，而他居然没有走，他选择了这条一般人不愿走的路，所以才是可以宝贵的。

我说过杜甫的好处在于他是既博大又周全的一位集大成的诗人，他把很多长处结合在一起了。即以感性与理性的结合为例，你看他比较感性的"穷年忧黎元，叹息肠内热"两句，写得非常令人感动；而他整首诗的进行，他在章法结构方面又很有理性的安排，你只看他"穷年忧黎元，叹息肠内热"的感动还不算完整。像李后主的那些小词，"自是人生长恨水长东"（《相见欢》"林花谢了春红"），他只是以感情见长，而杜甫是在感性与理性两方面兼长并美的。

前面一大段写他的志意和心情，后面一大段就叙述他在旅途上的经历、见闻及感想了。

到此为止，我们讲完了第二段，在这段中有几点值得注意的地方。

首先是"安史之乱"对杜甫作品的重大影响。在"安史之乱"以前，他虽然也关心国家和人民，可是他没有过像"穷年忧黎元，叹息肠内热"以及"朱门酒肉臭，路有冻死骨"这样感情激烈的句子。因为天宝的乱离给他很大的刺激，所以从这一阶段开始，杜甫在诗里面所表现的对于国家和人民的感情才更加激切强烈。

其次是对于形象的使用。我们去年讲赋比兴，涉及内心与外物之间的种种关系。我们讲过杜甫年轻时写胡马的一首诗，知道他写物象总是有他主观的投入。但是，他早期的作品只是把他的感情和人格直接投注进去而已。后来经过了天宝前后这一阶段，他看到当时国家的危乱，看到那些皇亲国戚的贪赃枉法，看到老百姓由于天灾人祸所导致的饥寒困苦。特别是随着安禄山军阀势力的强大，他越来越清楚地看到国家败亡的种种征兆。可是，你平白无故地说国家就要灭亡了，那还得了？但杜甫心里边确实有这种忧虑。所以那时候杜甫再写外在物象，就不仅仅是感情与人格的直接投入而已了，而是在物象中表现了一种危乱和败亡的象喻。也就是说，他开始有心地用种种外物的形象来象征、比喻国家的败亡。在这段中，有很多地方表面上只是写外在的物象，写当时的气候、地理，可实际上都有象喻的意思。

第三是他的章法结构。他在这首诗里说了这么多事情，有他个人的志意，也有当时朝廷的一些腐败现象。他是怎么样结合起来的呢？他在第一段中写了他的志意和理想，从"凌晨过骊山"一句转入第二段，就开始写他在旅途上的经历、见闻及感想了。本来他在旅途中经过骊山，想到玄宗与贵妃在山上的华清宫里，引起他后面的一大段感慨。他怎样又从对朝廷政治的感慨再返回到旅程上来呢？"朱门酒肉臭，路有冻死骨"，仅此两句就结束了上边那些达官贵人腐朽堕落的生活。他用"路有冻死骨"一方面与"朱门酒肉臭"做一个对比，另一方面是重新回到旅程之中，所以下面第三段就接着"路有冻死骨"来写他的旅程了。

我说杜甫既有感性又有理性。他有安排，可是在安排之中充满了感动的力量。同时，他的结构章法安排得又如此之妙。这段开始说"凌晨过骊山"，过了骊山就接着走下去了。

我们以前讲过杜甫早年所写的两首诗：《望岳》和《房兵曹胡马》，从中可以看到他的志意和才情；而从这首《自京赴奉先县咏怀五百字》中我们则可以看到杜甫真的不愧为一位最伟大的写实的诗人，他的诗反映了整个的时代。

师者助学

学习诗歌鉴赏，首先可以从品味言语入手。

《叶嘉莹说〈自京赴奉先县咏怀五百字〉》，诗歌鉴赏从品味语言入手，"旁征博引"。同样是鉴赏《自京赴奉先县咏怀五百字》，俞平伯先生也品味言语，同时分析了"诗圣"和"史诗"。专家们的品析使我们明白，阅读杜甫诗歌，应该站在一定的高度和角度进行思考。

俞平伯先生评论杜甫此诗的语言：把文言用得像白话一般，把诗做得像散文一般，这种技巧，不但对古诗为"空前"，即在杜集中亦系"仅有"之作。

其次分析结构、诗风。

俞先生分析此诗的沉郁顿挫：第一段，"千回百折，层层如剥蕉心，出语的自然圆转，虽用白话来写很难得超过他"。第二段，"这种攻击法，一步逼紧一步，离唐明皇只隔一层薄纸了"，"似乎不宜再尖锐地说下去，故转入平铺"，"紧接着又大声疾呼，'朱门酒肉臭，路有冻死骨'"。

还要评析价值。

俞先生分析诗圣和诗史："结合小我的生活，推想到大群；从万民的哀乐，定一国之兴衰，自然句句都真，都会应验的。以文而论，固是一代之史诗，即论事，亦千秋之殷鉴矣。"俞先生还告诉我们如何解析诗歌："他在这里把生平坚强不屈的精神表现得非常恰当，非常老实，即成为最高的技巧。我们是不能离开这种精神，孤立地来讲技巧的。"杜甫之被奉为"诗史"的典范，是因为他的一部分作品，的确体现了"善写时事"和"实录"的特点。"一代之史"的作品所应具有的品质，即详于人生出处，对诗人个体的人生经历，交游都有详细的表现。对诗人本身参与社会历史的深度还是有很高的要求。诗人不仅要经历丰富，而且在思想上要有深切的社会关怀，有深厚的主体情志。只有"见事多、识理透"的诗人，其感慨寄托，才能成为"后人论世之资"。杜甫的诗歌在详陈个体人生的基础上，展现了社会时代的广阔画卷，表达了诗人感时忧世的情怀，深入地开拓了以"一人之诗"表现"一代之史"的艺术可能。杜诗精神格局与其"诗史"品质的联系，有关的论者多有论述。

叶嘉莹先生评论杜甫诗歌是从多个角度评析的：

杜甫此诗每个字用得都那么有力量，如"'盖棺事则已'，除非有一天我死了，棺材盖都盖到我身上了，这时候我平生所追求的事情才算停止"。

叶先生评论杜甫，在艺术上深入开拓了将个体人生经历与社会历史相联系的表现方式。杜甫之所以了不起，之所以被称为"诗圣"，是因为他对于国家民族的这一份感情非常真诚，他能够把他个人最真诚的感情与伦理价值合而为一，用像爱情一样浓挚的感情来爱他的国家民族。杜甫是"诗史"，他把整个时代的背景都写入诗中，其中既有整个时代的历史，也有他自己身世的经历。

叶先生还指导我们鉴赏杜甫诗歌：只有了解了他从前到后种种的经历，才知道他所有的感动都是从他自己的生命生活中反映出来的，才能够真正欣赏他的诗。

我们可以用这些方法鉴赏《兵车行》《丽人行》《北征》，品味语言，写点鉴赏文字。

同伴分享

1. 下面两则由同龄学生写的鉴赏文字各有特色，第一则从平凡人的角度评析杜甫的情怀，颇有新意，第二则专注人物矛盾心理，发挥丰富想象，有一定的合理性。

(1)我们多用"忧国忧民""万方多难"来形容杜甫，但是在《北征》我们却也看到一个艰难度日、爱怜家小的平凡人的形象。如何看待这样一个杜甫，西南交通大学附属中学李皓同学说：如果说看见路上的哀鸿遍野时，杜甫诗充满了对家国的忧虑，那么当看到食不果腹、衣不遮体的家小时，杜甫心中便是惭愧，便是对家小已与他陌生的失落，还有归乡与亲人相见的激动。子美子美，杜甫希望子女过得美好，但现实总那么残酷，即使与妻儿相见，他也时刻想着国家。无论是十年胡尘，妻儿离散，抑或是面对落魄的家小，在杜甫心中更多的是百姓，是一个国。他也许在乎妻儿老小，对他们抱有羞愧，但为了这山河，又怎能只顾小家？

(2)我们经常可以看到一个评价杜甫的词，那就是"矛盾纠结"，西南交通大学附属中学罗嘉明同学结合学习鉴赏文章，说出了杜甫的矛盾和纠结的**具体表现**：身于风口浪尖，浮沉乱世，往往身不由己，被世事左右。身为唐臣，必有救国于危难的己任，大丈夫贵兼济，岂能坐忘？一路向北，靡靡逾阡陌，人烟眇萧瑟。赤诚之心终究抵不过对家事的挂念，欲与所爱之人共度，却困于王命。当情感站在了忠诚的对立面，何去何从？忠诚固然可贵，远去妻儿，兼济天下，但为怯懦苟且之徒奔波效劳，一番热血又意义何在。山河依旧，岁月悠悠，明君在否？一切谁又说得清呢？将目光拉近，回望自身，时代造就英雄，然而英雄也不完美。有一种落差便是自己配不上自己的野心和所经历的苦难，身为一儒生，纵使满腹经纶，却不知如何表达，欲建功立业，重振大唐江山，终究只是一纸空文，无从谈起。当责任大于能力之时，理想与现实二者又该如何权衡？这边是选择与纠结中的人生，心中有万千言语更与何人说？无人会。人生之纠结，莫过于此。

2. 下面这篇读后感，从品读语言入手，结合时代背景分析，概述了诗人的内心世界和思想感情，分析了诗的意境和表现手法，值得借鉴。

言无华情自成

——读《兵车行》

黄洪志

《兵车行》一诗，以场景描写为主，开篇便描画出一幅征夫将行、家眷哭声震野之景。一个"走"字，精练传神，使送行者心中焦急、迫切想找到家人的心情毕现；"牵衣"、"顿足"、"拦道"、"哭"四个连续的动词更是将送行者心中的眷恋、悲怆、愤恨、绝望表现得淋漓尽致。将百姓因征兵而妻离子散的情景生动再现。听觉、视觉上的强烈冲击让人感受到作者强烈的情感。

继而作者描述了一位征夫的征战历程，十五北防，四十戍边，去时裹头，归来时已白发苍苍。而"武皇开边意未已"，将矛头直指当权者，征夫如此年少，戍边如此之久，而皇帝意犹未已。这虽然只是一个例子，却是千千万万被征发的百姓的缩影。作者以小见大，揭露为政者的昏庸无道、穷兵黩武，将心中震怒之情宣泄而出，心系百姓之情跃然纸上。之后作者采用侧面描写的方法，将男丁们被征发后家乡的田地荒草丛生，老弱妇幼即使耕作也无能为力的情形生动地展现出来，衬托出官府长年征兵使得百姓无力耕作、生活艰苦的状态，作者心系百姓疾苦的情怀表现得很深刻。众所周知，重男轻女是封建社会的普遍观念，而今，无休止的征兵使得百姓改变了这种家庭理念，与其生男战死沙场，不如生女嫁作人妇，这是百姓深受征兵折磨的结果，这是诗人的感慨，也是诗人的心之所系、情之所牵。

最后诗人用阴沉的笔调，描绘出一幅白骨埋沙、荒草丛生的战场之景，如此凄神寒骨，与诗的开头宏大的送别场面形成鲜明对比，诗人的悲痛、愤恨、痛心疾首自然而然地流露出来，让人心生悲凉之感，痛惜之情。

全诗通过对送别之景、家乡之景、沙场之景的描写，穿插对征夫、对官税的叙述，以及直抒胸臆，将唐王朝的穷兵黩武，执政者的昏庸无道昭然于世，彰显了作者心系天下苍生，关心百姓疾苦，痛恨朝廷腐朽的伟大情怀。而结构上，作者交叉运用长短句，字句长短随情节发展不断改变，使得诗句更富有表现力，诗人的情感流露也就愈发顺畅了。

第四课段 | 比较阅读,品读风格

　　杜甫在不同的人生阶段所创作出来的诗歌,体现了不同的思想内容和艺术特点,要准确把握这些内容和特点,就必须进行比较阅读。本课段将通过《春望》《江畔独步寻花》的纵向对比阅读,了解杜甫的人生经历、唐朝安史之乱前后生活和社会对其思想发展、艺术风格的形成与变化的影响,加深我们对"诗史"和杜甫诗风的理解。

　　杜甫远大的抱负、崇高的理想与不如意的个人经历、动荡的时代强烈碰撞,理想与现实的巨大落差,让杜甫的诗作积蓄了特别的力量。这种厚积的力量并不是排山倒海般喷薄而出,而是在其诗作的字里行间缓慢、低沉、回环起伏,这与李白那种浪漫恣意的风格形成了鲜明的对比。所以我们猜读《登金陵凤凰台》《登高》《渡荆门送别》《旅夜书怀》,辨别哪些是杜甫的诗歌,哪些是李白的诗歌,从而感受两位诗人风格迥异的诗风。通过杜甫与李白诗歌的比较阅读,感悟二人诗歌的内容特点、语言特色,从不同的维度去探索、求解唐朝诗歌,提升思辨能力,拓展阅读深度、广度。

　　本课段建议使用 3 课时。

一、纵读杜甫诗歌:感受诗风转变

基础阅读

学习任务

　　1. 对杜甫不同阶段的诗歌《春望》《江畔独步寻花》做纵向对比阅读。

　　2. 梳理出流亡时期和成都草堂时期其诗歌的变化,概括其诗歌被称为"诗史"的原因。

春　望

杜　甫

国破山河在，城春草木深。

感时花溅泪，恨别鸟惊心。

烽火连三月，家书抵万金。

白头搔更短，浑欲不胜簪。

《春望》鉴赏[①]

徐应佩　周溶泉

　　唐肃宗至德元载(756)六月，安史叛军攻下唐都长安。七月，杜甫听到唐肃宗在灵武即位的消息，便把家小安顿在鄜州的羌村，去投奔肃宗。途中为叛军俘获，带到长安。因他官卑职微，未被囚禁。《春望》写于次年三月。

　　诗的前四句写春城败象，饱含感叹；后四句写心念亲人境况，充溢离情。全诗沉着蕴藉，真挚自然。

　　"国破山河在，城春草木深。"开篇即写春望所见：国都沦陷，城池残破，虽然山河依旧，可是乱草遍地，林木苍苍。一个"破"字，使人触目惊心，继而一个"深"字，令人满目凄然。司马光说："'山河在'，明无余物矣；'草木深'，明无人矣。"(《温公续诗话》)诗人在此明为写景，实为抒感，寄情于物，托感于景，为全诗创造了气氛。此联对仗工巧，圆熟自然，诗意翻跌。"国破"对"城春"，两意相反。"国破"的颓垣残壁同富有生意的"城春"对举，对照强烈。"国破"之下继以"山河在"，意思相反，出人意表；"城春"原当为明媚之景，而后缀以"草木深"则叙荒芜之状，先后相悖，又是一翻。明代胡震亨极赞此联说："对偶未尝不精，而纵横变幻，尽越陈规，浓淡浅深，动夺天巧。"(《唐音癸签》卷九)

　　"感时花溅泪，恨别鸟惊心。"这两句一般解释是，花鸟本为娱人之物，但因感时恨别，却使诗人见了反而堕泪惊心。另一种解释为，以花鸟拟人，感时伤别，花也溅泪，鸟亦惊心。两说虽则有别，其精神却能相通，一则触景生情，一则移情于物，正见好诗含蕴之丰富。

---

　　①　萧涤非，程千帆等.唐诗鉴赏辞典.上海：上海辞书出版社，1983：407～408.

诗的这前四句，都统在"望"字中。诗人俯仰瞻视，视线由近而远，又由远而近，视野从城到山河，再由满城到花鸟。感情则由隐而显，由弱而强，步步推进。在景与情的变化中，仿佛可见诗人由翘首望景，逐步地转入了低头沉思，自然地过渡到后半部分——想望亲人。

"烽火连三月，家书抵万金。"自安史叛乱以来，"烽火苦教乡信断"，直到如今春深三月，战火仍连续不断。多么盼望家中亲人的消息，这时的一封家信真是胜过"万金"啊！"家书抵万金"，写出了消息隔绝久盼音讯不至时的迫切心情，这是人人心中所有的想法，很自然地使人共鸣，因而成了千古传诵的名句。

"白头搔更短，浑欲不胜簪。"烽火遍地，家信不通，想念远方的惨戚之象，眼望面前的颓败之景，不觉于极无聊赖之际，搔首踟蹰，顿觉稀疏短发，几不胜簪。"白发"为愁所致，"搔"为想要解愁的动作，"更短"可见愁的程度。这样，在国破家亡，离乱伤痛之外，又叹息衰老，则更增一层悲哀。

这首诗反映了诗人热爱国家、眷念家人的美好情操，意脉贯通而不平直，情景兼具而不游离，感情强烈而不浅露，内容丰富而不芜杂，格律严谨而不板滞，以仄起仄落的五律正格，写得铿然作响，气度浑灏，因而一千二百余年来一直脍炙人口，历久不衰。

江畔独步寻花

杜 甫

黄四娘家花满蹊，千朵万朵压枝低。
留连戏蝶时时舞，自在娇莺恰恰啼。

《江畔独步寻花》鉴赏①

周啸天

上元元年(760)杜甫卜居成都西郭草堂，在饱经离乱之后，开始有了安身的处所，诗人为此感到欣慰。春暖花开的时节，他独自沿江畔散步，情随景生，一连成诗七首。此为组诗之六。

首句点明寻花的地点，是在"黄四娘家"的小路上。此句以人名入诗，生

① 萧涤非，程千帆等.唐诗鉴赏辞典.上海：上海辞书出版社，1983：534～536.

活情趣较浓，颇有民歌味。次句"千朵万朵"，是上句"满"字的具体化。"压枝低"，描绘繁花沉甸甸地把枝条都压弯了，景色宛如历历在目。"压""低"二字用得十分准确、生动。第三句写花枝上彩蝶蹁跹，因恋花而"留连"不去，暗示出花的芬芳鲜妍。花可爱，蝶的舞姿亦可爱，不免使漫步的人也"留连"起来。但他也许并未停步，而是继续前行，因为风光无限，美景尚多。"时时"，则不是偶尔一见，有这二字，就把春意闹的情趣渲染出来。正在赏心悦目之际，恰巧传来一串黄莺动听的歌声，将沉醉花丛的诗人唤醒。这就是末句的意境。"娇"字写出莺声轻软的特点。"自在"不仅是娇莺姿态的客观写照，也传出它给人心理上的愉快轻松的感觉。诗在莺歌"恰恰"声中结束，饶有余韵。读这首绝句，仿佛自己也走在千年前成都郊外那条通往"黄四娘家"的路上，和诗人一同享受那春光给予视听的无穷美感。

此诗写的是赏景，这类题材，盛唐绝句中屡见不鲜。但像此诗这样刻画十分细微，色彩异常秾丽的，则不多见。如"故人家在桃花岸，直到门前溪水流"（常建《三日寻李九庄》），"昨夜风开露井桃，未央前殿月轮高"（王昌龄《春宫曲》），这些景都显得"清丽"；而杜甫在"花满蹊"后，再加"千朵万朵"，更添蝶舞莺歌，景色就秾丽了。这种写法，可谓前无古人。

其次，盛唐人很讲究诗句声调的和谐。他们的绝句往往能被诸管弦，因而很讲协律。杜甫的绝句不为歌唱而作，纯属诵诗，因而常常出现拗句。如此诗"千朵万朵压枝低"句，按律第二字当平而用仄。但这种"拗"决不是对音律的任意破坏，"千朵万朵"的重叠，便具有一种口语美。而"千朵"的"朵"与上句相同位置的"四"字，虽同属仄声，但彼此有上、去声之别，声调上仍具有变化。诗人也并非不重视诗歌的音乐美。这表现在三、四两句双声词、象声词和叠字的运用。"留连"、"自在"均为双声词，如贯珠相联，音调宛啭。"恰恰"为象声词，形容娇莺的叫声，给人一种身临其境的听觉形象。"时时"、"恰恰"为叠字，既使上下两句形成对仗，使语意更强，更生动，更能表达诗人迷恋在花、蝶之中，忽又被莺声唤醒的刹那间的快意。这两句除却"舞"、"莺"二字，均为舌齿音，这一连串舌齿音的运用造成一种喁喁自语的语感，维妙维肖地状出看花人为美景陶醉、惊喜不已的感受。声音的效用极有助于心情的表达。

在句法上，盛唐诗句多天然浑成，杜甫则与之异趣。比如"对联"（后联骈偶）乃初唐绝句格调，盛唐绝句已少见，因为这种结尾很难做到神完气足。

杜甫却因难见巧，如此诗后联既对仗工稳，又饶有余韵，使人感到用得恰到好处：在赏心悦目之际，听到莺歌"恰恰"，不是更使人陶然神往么？此外，这两句按习惯文法应作：戏蝶留连时时舞，娇莺自在恰恰啼。把"留连"、"自在"提到句首，既是出于音韵上的需要，同时又在语意上强调了它们，使含义更易为人体味出来，句法也显得新颖多变。

运用比较法赏析《春望》和《望岳》[①]

周智文

在引导中学生赏析诗歌时，如果经常采用比较法阅读，可以调动学生赏析的积极性和主动性，使学生对诗歌这一文学体裁的认识和理解更加深刻。在比较、质疑、析疑、释疑的过程中，学生独立思考后，诗歌知识可以更好地得到引申与拓宽，还可以引导学生探究性学习，培养他们自主收集、整理资料并形成自己的观点的能力。《春望》和《望岳》的作者同是杜甫，都运用了寓情于景的写法，都运用了对偶的修辞方法，但又有一些不同点，可作为引导学生运用比较阅读赏析诗歌的例子。

比较写作背景的差异

《望岳》这首诗是杜甫早期的作品。杜甫的青年时期过着一种"裘马轻狂"的漫游生活，洋溢着蓬勃的朝气。唐玄宗开元二十四年（736），年轻的杜甫离开了长安，到兖州去省亲——其父杜闲当时任兖州司马。此后大约三四年内，他一直在山东、河北一带漫游，结交了不少朋友，这首诗就是这期间写的。《春望》写于天宝十四年（755）十一月，诗人赴奉先探家，未几，安禄山发动叛乱。次年五月，贼破潼关，诗人被迫北上避难，安家于鄜州。七月，肃宗即位于灵武，诗人闻讯后前往投奔，不料中途为贼兵所俘，被押至长安；因他官卑职小，未被囚禁。第二年四月，他乘隙逃离长安，历尽千辛万苦，终于到达了当时朝廷的所在地——凤翔县。这首诗是诗人逃离长安前一个月写的。

比较描写景象的差异

《望岳》首句"岱宗夫如何"，写乍一望见泰山时那种欣喜惊叹仰慕的情形，非常传神。"齐鲁青未了"语出惊人，别出心裁地写出自己的欣赏体

---

① 周智文. 运用比较法赏析《春望》和《望岳》. 新课程导学，2014(1). 有删节.

验——在古代齐鲁两大国的国境外还能望见远远横亘在那里的泰山，以距离之远烘托泰山之高。这两句是远望泰山的景象。"造化钟神秀，阴阳割昏晓"，写出了泰山的神奇秀丽和巍峨高大的形象。这是近望泰山所见的景象。"荡胸生层云，决眦入归鸟"，写泰山中天门以上时有云团浮现，或高或低；鸟亦时常出没于山谷间，须睁大眼仔细看才能看见。这是凝望泰山时所见的景象。"会当凌绝顶，一览众山小"，写由望岳而产生的登岳的意愿，诗人此刻仍在山下，但他却能"一览"，这显然是诗人神游玉皇顶之所见。《春望》写了国都、山河、城、草木四种形象。国破，山河依旧，城春，草木深。这是一幅沦陷中长安城的破败景象：国都沦陷，城池残破，虽然山河依旧，可是乱草遍地，林木苍苍，使人满目凄然。

比较"望"的角度

《望岳》首句"岱宗夫如何？""齐鲁青未了"这两句是远望泰山的景象；"造化钟神秀，阴阳割昏晓"这是近望泰山所见的景象；"荡胸生层云，决眦入归鸟"这是凝望泰山时所见的景象；"会当凌绝顶，一览众山小"这显然是诗人神游玉皇顶之所见。《春望》前四句是诗人直视国都沦陷、山河破碎景象，颈联抒发了诗人对亲人的思念牵挂之情，尾联总写忧国思家的感情，在国破家亡、离乱伤痛之外，叹息衰老，又多了一层悲哀。这些都是写情的。

比较作者形象塑造的差异

《望岳》展示了青年时期的杜甫，字里行间洋溢着青年杜甫那种蓬勃的朝气，塑造了一个不怕困难敢于攀登顶峰俯视一切，以及卓然独立，兼济天下的诗人形象。而《春望》这首诗中我们仿佛看到一个满头白发如冰雪，因焦虑忧愁而频频搔首、忧国忧民的诗人。

比较名句蕴含意味的不同

《望岳》中"会当凌绝顶，一览众山小"意蕴丰厚，有一种哲理美。它不止是诗人要攀登泰山极顶的誓言，也是诗人要攀登人生顶峰的誓言，它激励着我们在人生的道路上永往直前。《春望》"烽火连三月，家书抵万金"写出了消息隔绝久盼音讯不至时的急切心情，这是人人心中共有的想法，很自然地使人共鸣，因而成了千古传诵的名句。

此外，在写作表现手法方面，《望岳》虚实相生的写法使本诗显得摇曳多姿，言有尽而意无穷。《春望》全诗触景伤怀，移情于物，将忧国思亲的情怀蕴含在形象的描写中，情境交融，感人肺腑。在写作风格方面，《望岳》形象高大，境界壮阔，显示出气势磅礴、雄放健拔的风格。《春望》感情凝重，景象凄清，风格沉郁，具有悲怆美。

总之，在诗歌教学中有意识地运用比较法引导学生赏析，引导学生快速找出所比较的诗歌的相同点、不同点，可以更好地发挥学生主观能动性，充分调动学生思考、表达的积极性，改变以往死记硬背的诗歌赏析局面，让我们的诗歌赏析课堂灵气飞扬、活力四射。

师生共学

1. 流亡时期和成都草堂时期诗歌的变化。

阅读思路：首先，思考《春望》作为杜甫在流亡时期的诗歌代表，《江畔独步寻花》作为杜甫在成都草堂时期的诗歌代表，各传达了怎样的思想感情，这些与其生活经历有何联系。

《春望》通过描写安史之乱中长安的荒凉景象，抒发了诗人思念亲人的感情。"烽火连三月，家书抵万金"，传达的思念之情特别明显。这里固然有对自身遭遇的悲伤，对亲人的思念，但放在"国破山河在，城春草木深"时代动荡的大背景下，那种忧国伤时之情就格外突出了。

其次，联系第二课段中对杜甫生平的认知，在知人论世的基础上，回归诗作来分析。杜甫到了成都后，因为有了安身的处所，心情较为平和闲适，能够以较为悠闲的心态去欣赏"黄四娘家花满蹊，千朵万朵压枝低"的景象，那种为美景而陶醉惊喜的感情就十分明显。这说明杜甫并不一直是紧锁眉头，忧心忡忡，这样的杜甫可能更加真实。他既有"白头搔更短"的苦闷困窘，又有欣赏"留连戏蝶时时舞，自在娇莺恰恰啼"的自在安闲。

总结：杜甫从流亡时期到成都草堂时期诗歌的变化，一方面是相对安定的生活使他有时间心力进行创作的结果，另一方面是他历经苦难后思想和艺术沉淀的结果。

2. 杜甫的诗歌被称为"诗史"的原因。

杜甫的诗歌反映了时代的动荡与变化。从《春望》到《江畔独步寻花》就是最直接的证明。

"诗史"既有史，又有诗，杜甫的诗之所以被称为"诗史"，在于杜甫铺陈时事，关注现实民生、国难家患，以诗证史，以诗补史；在于他的诗歌真实地记录了唐代安史之乱前后 20 年间的社会历史状况，这其中有重大历史事件的描述，也有对普通老百姓痛苦呻吟的写照，不同于正史只关注帝王将相的文治武功，他的诗歌把目光投向广大的人民，即使在个人身世的感喟中，也能看到时代的影子。他的诗的具有"善写时事"和"实录"的特点，诗的精神格局决定其"诗史"品质。诗人"见事多、识理透"，感慨寄托深厚，借助高超的艺术形式表达，成为"后人论世之资"。杜甫的诗歌在详陈个体人生境遇的基础上，展现了社会时代的广阔画卷，表达了诗人感时忧世之情怀，深入地开拓了以"一人之诗"表现"一代之史"的艺术可能。

二、横看李杜：仰望两座高峰

（一）拓展阅读

李白、杜甫是唐朝诗坛的两座高峰，他们的创作风格截然不同。浪漫主义与现实主义，不仅是他们诗歌的个性标签，也是他们思想和性格的缩影。

学习任务

1. 初读，猜测哪首诗为李白所作，哪首为杜甫所作，并说出理由。然后再阅读鉴赏文章，印证自己的猜想。

2. 分析李白、杜甫诗歌的特色。

登金陵凤凰台

凤凰台上凤凰游，凤去台空江自流。
吴宫花草埋幽径，晋代衣冠成古丘。
三山半落青天外，一水中分白鹭洲。
总为浮云能蔽日，长安不见使人愁。

登　　高

风急天高猿啸哀，渚清沙白鸟飞回。
无边落木萧萧下，不尽长江滚滚来。
万里悲秋常作客，百年多病独登台。
艰难苦恨繁霜鬓，潦倒新停浊酒杯。

《登金陵凤凰台》赏析 ①

袁行霈

　　李白很少写律诗，而《登金陵凤凰台》却是唐代的律诗中脍炙人口的杰作。此诗是作者流放夜郎遇赦返回后所作，一说是作者天宝年间，被排挤离开长安，南游金陵时所作。

　　开头两句写凤凰台的传说，十四字中连用了三个凤字，却不嫌重复，音节流转明快，极其优美。"凤凰台"在金陵凤凰山上，相传南朝刘宋永嘉年间有凤凰集于此山，乃筑台，山和台也由此得名。在封建时代，凤凰是一种祥瑞。当年凤凰来游象征着王朝的兴盛；如今凤去台空，六朝的繁华也一去不复返了，只有长江的水仍然不停地流着，大自然才是永恒的存在！

　　三、四句就"凤去台空"这一层意思进一步发挥。三国时的吴和后来的东晋都建都于金陵。诗人感慨万分地说，吴国昔日繁华的宫廷已经荒芜，东晋的一代风流人物也早已进入坟墓。那一时的烜赫，在历史上留下了什么有价值的东西呢！

　　诗人没有让自己的感情沉浸在对历史的凭吊之中，他把目光又投向大自然，投向那不尽的江水："三山半落青天外，一水中分白鹭洲。""三山"在金陵西南长江边上，三峰并列，南北相连。陆游《入蜀记》云："三山，自石头及凤凰山望之，杳杳有无中耳。及过其下，距金陵才五十余里。"陆游所说的"杳杳有无中"正好注释"半落青天外"。李白把三山半隐半现、若隐若现的景象写得恰到好处。"白鹭洲"，在金陵西长江中，把长江分割成两道，所以说"一水中分白鹭洲"。这两句诗气象壮丽，对仗工整，是难得的佳句。

　　李白毕竟是关心现实的，他想看得更远些，从六朝的帝都金陵看到唐的都城长安。但是，"总为浮云能蔽日，长安不见使人愁。"这两句诗寄寓着深意。长安是朝廷的所在，日是帝王的象征。陆贾《新语·慎微篇》曰："邪臣之蔽贤，犹浮云之障日月也。"李白这两句诗暗示皇帝被奸邪包围，而自己报国无门，他的心情是十分沉痛的。"不见长安"暗点诗题的"登"字，触境生愁，意寓言外，饶有余味。相传李白很欣赏崔颢《黄鹤楼》诗，欲拟之较胜负，乃作《登金陵凤凰台》诗。《苕溪渔隐丛话》《唐诗纪事》都有类似的记载，

---

　　①　萧涤非、程千帆等.唐诗鉴赏辞典.上海：上海辞书出版社，1983：328～329.

或许可信。此诗与崔诗工力悉敌，正如方回《瀛奎律髓》所说："格律气势，未易甲乙。"在用韵上，二诗都是意到其间，天然成韵。语言也流畅自然，不事雕饰，潇洒清丽。

作为登临吊古之作，李诗更有自己的特点，它写出了自己独特的感受，把历史的典故，眼前的景物和诗人自己的感受，交织在一起，抒发了忧国伤时的怀抱，意旨尤为深远。

时空交错　情景相融
——杜甫《登高》结构艺术美赏析 ①（节选）

张玉明

纵观这首诗，一开篇，"风急天高猿啸哀，渚清沙白鸟飞回"，既是眼前景，又是情中景。以古诗常法起、承、转、合而论，此二句则为"起"，又有起兴的特点。写秋风是"急"，但也是从自身感受而来。从这二句，我们可以想象到这样一幅画面：年老多病的诗人孤独地站在高处，怅望江天，"风急"使诗人更觉凄凉，"天高"又何尝不是孤身寄旅的心情写照，"猿啸哀"正衬心情的凄苦。江边所见是"渚沙清白"，应时序；"鸟飞回"是空中景，以鸟的自由飞翔，反衬身羁异乡，不得回归的无奈。接下来，放眼远望，只见"无边落木萧萧下，不尽长江滚滚来"。如果说"无边"是登高望远时视觉从眼前到天边的极限感受的话，那么，"不尽"则是目力得到最大宣泄后，跌入滚滚的江水，从天边向眼前流回时内心体验到的震撼。落木无边，长江不尽，时空交错，沟通古今。这一既有空间上的辽阔，又有时间上的亘古的天地大观，引发了诗人"念天地之悠悠，渺沧海之一粟"的人生感慨。再以"萧萧"、"滚滚"摹声绘形，将一幅雄浑壮阔的景象展现于读者面前。读这两句诗，我们觉着审美信息十分丰富，这是由词语上内在规律所组成的整体结构表现出来的。这种新的语言结构形式的突出特征在于挣脱语言的逻辑链条，"颠倒"文句，依据人对景物的非逻辑形态来组合语词，从而使得诗句具有了一种能够感受得到却诉说不清的"只可意会，不可言传"的韵味与功能。其蕴含的信息量远远大于各部分词语所含信息之和。这就是形式塔心理学上所说的"整体

---

① 张玉明. 时空交错　情景相融——杜甫《登高》结构艺术美赏析. 语文教学之友，2015（1）：26.

大于部分之和"。

　　不同的结构具有不同的审美功能。如将此两句语序做一调整，让其结构改为"落木无边萧萧下，长江不尽滚滚来"，则给人的是很平常的描绘性语句，是对自然景物、物理现象的再现，很少有诗人笔下的那种给人心灵上的震撼。由此可见，好的结构也是作品成功的关键。眼前景，心中景已连续写了四句，诗人的情绪情感由产生到发展，已是渐趋高潮，但又一时不知从何说起，如直抒胸臆，则缺少变化起伏，也减了韵味。诗人于是宕开一笔，即"转"过去，由眼前景想到自己多年的经历，其凄苦辛酸岂能用言语述尽。既述不尽，便不说也罢，写写自己多年的行踪算了。"万里悲秋常作客，百年多病独登台"，这是诗人一生的真实写照，其中包含着无穷辛酸，供读者细细体味。前人分析此联时，认为有八可悲：他乡作客，一悲也；常作客，二悲也；深秋作客，三悲也；"万里"以外，四悲也；年老登台，五悲也；独登，六悲也；多病登台，七悲也；百年多病，八悲也。这些寻常诗句，在诗人笔下，通过感情化的非逻辑形态来组织词语，其内涵便大为增加，从而蕴含诗人欲吐却吐不出的深藏于言下的丰富情感。最后的"合"，以"艰难苦恨繁霜鬓，潦倒新停浊酒杯"作结，将慨叹时局艰难，年华老大，白发徒增，又多病体弱，穷困潦倒，欲借酒浇愁而不能的复杂内心尽情表露，并以此作结，也为全诗定下了忧时伤己的基调，且表明了题旨。整首诗浑然一体，意境雄浑壮阔，读来撼人心灵。这与作者善于驾驭语言，结构全诗有很大关系。由此可见，读诗从分析结构入手，可以帮助我们了解诗中深层的意蕴，有助于加深对诗的理解，也可体味到诗的艺术妙处。

师生共学

　　1. 思考问题：《登金陵凤凰台》《登高》这两首李、杜律诗的代表作，恰好都与"登高"有关。阅读时以"两诗有什么异同"为核心问题，生发出一串子问题：这两诗有没有共性呢？李杜二人在这两首诗中分别抒发了什么样的感情呢？都有忧国伤时之情，两人的表达方法有何不同呢？从中可以看出两人的诗歌风格有什么不同特点？

　　阅读了鉴赏文章，思考了核心问题和四个子问题，从中可看出李白诗歌气象壮丽、潇洒清丽，而杜甫则在雄浑壮阔的景物描写中突出了"哀"、"悲"、"苦恨"等情感；同是以"登高"为题材，《登金陵凤凰台》抒发了忧国伤时的感情，《登高》则表现了老病孤愁、忧国伤时的感情；李白结合朝代变迁，"吴宫花草埋幽径，晋代衣冠成古丘"句从六朝的帝都金陵看到唐的都城长安。杜甫结合自身境遇，"万里悲秋常作客，百年多病独登台"句以自身苦难传达忧国伤时之情。

2. 杜诗"沉郁顿挫"的特点。

沉郁顿挫是杜甫诗歌的特点，是本专题最重要的学习点。通过前面课段的学习我们对此已有了感性的认识，本课段应有更加深刻的理性认识。

"沉郁"是指感情的力度、深度、浓度，指感情的深厚、诚挚、浓郁、忧愤、悲慨、壮大；"顿挫"，是指感情表达的层次、结构、节奏，是指语意停顿、间歇、转折，也是音节、韵律的铿锵曲折有致，还是感情表达的波浪起伏、反复低回。

在杜甫诗歌中"沉郁"表现为内容上的厚实丰满，感情上的起伏低回，表达上的顿挫。顿挫体现在章法上的开合变化，结构上的回环照应，音节、韵律的铿锵有致，词句上的精练传情。杜甫诗歌中顿挫与沉郁，相辅相成。

(二)挑战阅读

学习任务

1. 读两首诗歌，猜作者，思考、讨论：李白、杜甫在"羁旅"中所产生的思想情感有何异同？又是哪些因素造成了这样的异同？

2. 进一步思考李杜诗歌风格和艺术手法的异同，明确"互文比读"对于专题学习的意义。

渡荆门送别

渡远荆门外，来从楚国游。

山随平野尽，江入大荒流。

月下飞天镜，云生结海楼。

仍怜故乡水，万里送行舟。

旅夜书怀

细草微风岸，危樯独夜舟。

星垂平野阔，月涌大江流。

名岂文章著，官应老病休。

飘飘何所似，天地一沙鸥。

《渡荆门送别》赏析 [①]

何国治

　　这首诗是李白出蜀时所作。荆门，即荆门山，位于今湖北省宜都市西北，长江南岸，与北岸虎牙山隔江对峙，形势险要，自古即有楚蜀咽喉之称。李白这次出蜀，由水路乘船远行，经巴渝，出三峡，直向荆门山之外驶去，目的是到湖北、湖南一带楚国故地游览。"渡远荆门外，来从楚国游"，指的就是这一壮游。这时候的青年诗人，兴致勃勃，坐在船上沿途纵情观赏巫山两岸高耸云霄的峻岭，一路看来，眼前景色逐渐变化，船过荆门一带，已是平原旷野，视域顿然开阔，别是一番景色：

　　"山随平野尽，江入大荒流。"

　　前句形象地描绘了船出三峡、渡过荆门山后长江两岸的特有景色：山逐渐消失了，眼前是一望无际的低平的原野。它好比用电影镜头摄下的一组活动画面，给人以流动感与空间感，将静止的山岭摹状出活动的趋向来。

　　"江入大荒流"，写出江水奔腾直泻的气势，从荆门往远处望去，仿佛流入荒漠辽远的原野，显得天空寥廓，境界高远。后句著一"入"字，力透纸背，用语贴切。景中蕴藏着诗人喜悦开朗的心情和青春的蓬勃朝气。

　　写完山势与流水，诗人又以移步换景手法，从不同角度描绘长江的近景与远景：

　　"月下飞天镜，云生结海楼。"

　　长江流过荆门以下，河道迂曲，流速减缓。晚上，江面平静时，俯视月亮在水中的倒影，好像天上飞来一面明镜似的；日间，仰望天空，云彩兴起，变幻无穷，结成了海市蜃楼般的奇景。这正是从荆门一带广阔平原的高空中和平静的江面上所观赏到的奇妙美景。如在崇山峻岭的三峡中，自非亭午夜分，不见曦月，夏水襄陵，江面水流湍急汹涌，那就很难有机会看到"月下飞天镜"的水中影像；在隐天蔽日的三峡空间，也无从望见"云生结海楼"的奇景。这一联以水中月明如圆镜反衬江水的平静，以天上云彩构成海市蜃楼衬托江岸的辽阔，天空的高远，艺术效果十分强烈。颔颈两联，把生

---

　　① 萧涤非，程千帆等. 唐诗鉴赏辞典. 上海：上海辞书出版社，1983：302～303.

活在蜀中的人，初次出峡，见到广大平原时的新鲜感受极其真切地写了出来。李白在欣赏荆门一带风光的时候，面对那流经故乡的滔滔江水，不禁起了思乡之情："仍怜故乡水，万里送行舟。"

诗人从"五岁诵六甲"起，直至二十五岁远渡荆门，一向在四川生活，读书于戴天山上，游览峨眉，隐居青城，对蜀中的山山水水怀有深挚的感情，江水流过的蜀地也就是曾经养育过他的故乡，初次离别，他怎能不无限留恋，依依难舍呢？但诗人不说自己思念故乡，而说故乡之水恋恋不舍地一路送我远行，怀着深情厚意，万里送行舟，从对面写来，越发显出自己思乡深情。诗以浓重的怀念惜别之情结尾，言有尽而情无穷。诗题中的"送别"应是告别故乡而不是送别朋友，诗中并无送别朋友的离情别绪。清沈德潜认为"诗中无送别意，题中二字可删"（《唐诗别裁》），这并不是没有道理的。

这首诗意境高远，风格雄健，形象奇伟，想象瑰丽。"山随平野尽，江入大荒流"，写得逼真如画，有如一幅长江出峡渡荆门长轴山水图，成为脍炙人口的佳句。如果说优秀的山水画"咫尺应须论万里"，那么，这首形象壮美瑰玮的五律也可以说能以小见大，以一当十，容量丰富，包含长江中游数万里山势与水流的景色，具有高度集中的艺术概括力。

杜甫《旅夜书怀》的诗格理论分析[①]（节选）

杨星丽

体势与章句结构安排

唐五代诗格研探的理论取向是由诗歌声律的"技术"层，上升至造势取境的"艺术"层，以实现诗格格法之不同层次的相互勾连。诗歌章句结构的谨严，体势的灵动呈现，这些艺术优势的建立必须通过形式的技术建构。《旅夜书怀》整首诗前后通畅、气韵飞腾、一脉贯通。皎然在《诗式》所讲："势有通塞，意有磅礴。势有通塞者，谓一篇之中，后势特起，前势似断，如惊鸿背飞，却顾俦侣。"也恰恰印证了杜甫此诗的意象结构和展开方式。而句中所包含的情致舒展安排，如"平野阔"、"大江流"、"微风岸"、"独夜舟"，也建立了诗歌不同的气势，整体之"势"也决定了诗歌节奏章句的趋向。

首先，看这首诗的句法。从句式上讲，元兢在《诗髓脑》"文病"中提到

---

① 杨星丽. 杜甫《旅夜书怀》的诗格理论分析. 杜甫研究学刊，2012(1)：22～26.

"长撷腰"和"长解镫"病，是将病犯与句式相结合。"长撷腰"是指"每句第三字撷上下两字"，就是"二一二式"；"长解镫"是指"第一、第二字意相连，第三、第四字意相连，第五字一字成其意"，即"二二一式"。只使用其中一种句式都是犯忌，"解镫须与撷腰相间，则屡迁其体"，这里所指的"体"就是诗篇的句式结构，乃至篇章结构。即唐人主张"长撷腰"和"长解镫"两相参用，以使句式多变。《旅夜书怀》这首诗，归纳句式，应为"二二一，二二一。二三，二三。二二一，二二一。二一二，二一二"。此诗句式参差，活泼生动，摇曳多姿。

从句子意义的内在组织上，王昌龄《诗格》中有"十七势"，其中"一句中分势"、"一句直比势"、"下句拂上句势"、"相分明势"都是针对句子的组织讲的。"一句中分势"的艺术优势是，把两个在逻辑上了不相干的事物，艺术地组织在一起，让它们奇势互发，巧妙地营造出一个饱含诗人当下情致的雅静而雄阔的无我之境。此诗中"星垂平野阔，月涌大江流"正是"一句中分势"的典型句例。"星垂"和"平野"本无多大联系，但因星垂似乎感觉到平野空阔；月本在天上，只因诗人见到江中倒影，才与江流浩荡呼应起来。此外，唐人还讲求上下句的关系，此诗中"飘飘何所似，天地一沙鸥"，前句提问，后句作答，正是"下句拂上句势"，使诗歌意义表达充分。"星垂"、"月涌"两句也可以说是"相分明势"，下句接着对上句作意义的补充，虽然两句都是写景，但星垂句写岸上远景，月涌句写舟前近景。前者自上而下，后者自下而上，两句以大景衬托独夜舟，取得了情绪映衬的审美效果。

其次，看此诗的章法。诗格理论关注诗歌篇章的整体布局之法，包括诗歌如何开头才精警动人、中间如何布设才丰腴有味、如何结尾才情韵悠长、前后如何照应才"意如贯珠"等。章法论所涉及的，就是"入作"、"落句"、"诗肚"、"诗腹"等各个部分的整体组织和分配问题。此诗以写景开头，其艺术上的优势在于，先不动声色地创造一个"状溢目前"的情境，让通篇抒写回味悠长。星垂二句紧承开头，展开描写。"名岂文章著"两句由写景转入议论。诗格理论对结尾的整体要求是"结句含思"，即"言尽意不尽"，如"目送归鸿"。此诗以"天地一沙鸥"结尾，正是让已经"文完意足"的抒写，再度得到回味咀嚼，增生出悠长不尽的滋味来。总之，无论是整体之势的取向，还是具体章句的布局，都强化了这首诗语言的内在力度，增强了情感意义的曲伸宛转度。

用典与意象类型化的运用

唐诗格理论中，音声之学渐而孳乳为修辞、意境之学，艺术技巧的形式表征深化发展成为功能化的表意之学，是这种理论的重要特征。律诗讲求以最少的文字表达最丰富的语义。这既作为理论追求，更在唐人的律诗创作实践中得到表现。例如典故的运用和意象类型化的使用就在于实现诗歌意义的多重张力。

"典故"之典，有"典雅""典常"之意。典故的运用，因为对原有普通语汇的改造和意义渗透，能够增强诗歌的历史厚重感和文化深度，还可以由于穿透时空而构筑语意的多个层面。杜甫的诗歌写作能够灵活生动地运用典故，增加了诗歌的意义含量。这首诗连用了扬雄和韦贤的两个故事。据《杜诗详注》："《扬雄传赞》：雄好古乐道，其意欲求文章成名于后世"，"《汉书》：韦贤以老病，乞骸骨罢归"。杜甫对以上典故烂熟于胸，而分别写作"名岂文章著，官应老病休"，这两个典故被熟稔巧妙地运用于上下句中，却不显露痕迹，可见其技艺的高明。正如旧题白居易《文苑诗格》所指："若古文用事，又伤浮艳；不用事，又不精华。用古事似今事，为上格。"唐人尊"用事不直"为上品，贬"直用事"为俗格，王昌龄在论述用事时也曾提出"谓如己意而与事合"，即用典要将历史与自己的处境和心境相合，与典故构成互文关系。顾宸注："名实因文章而著，官不为老病而休，故用岂应二字，反言以见意，所云书怀也。"可见此处用典正实现了语境的暗合与文意的观照。诗格理论强调用事不能堆砌，否则只能使人只见字句，不能展开想象的空间，从而阻碍意境的生成。杜甫此诗用典，轻松自如，虽连用两个典故，却并没有使语意繁琐芜杂，而恰切深化了主题，建立了共时性的历时关系。

增强诗歌语言意义张力的第二个表现是意象类型化的运用。旧题贾岛《二南密旨》和僧虚中《流类手鉴》罗列意象达一百多种，从类型上划分有：自然意象、花木意象、方位意象等，并总结了其意义能指和所指之间的相对确定的关系。

如"水深、怪石、严岭、孤峰、孤云、重雾、荆棘、尘埃、积阴、冻雪、浮云、落日、残阳、涧云、苦雨、霜雹、孤灯"等意象，可以指向的含义有："佞臣、贞士、苦难、孤独、阻碍、国政不兴、时运不济、疾病、仕途坎坷"等，这样能指与所指间构成极大的张力和弹性，使诗歌富有多重结构和语义。《旅夜书怀》中"危樯"、"独夜舟"，具有同类性质，具有"苦难、孤独"之意，此类意象虽然使用不多，却能够提纲挈领。在他《暮归》"南渡桂水阙舟楫"中，"舟楫"同样是一个类型化了的意象。杜甫在其他诗中多使用"薄云"、"孤月"、"鹳鹤"、"豺狼"、"枯树"等意象，其意义所指都具有相对确定的范围，同时又有多种可能性。这些定性化的意象类型极大地丰富和填充了诗歌描写空间，也催生了诗歌语言具象化情形下文意的丰富和含蓄。意象使用的目的正在于表达一种共通的"情境"特征，体现共通的情绪特征。使语义在意象的类型化关系中获得多种触角，构成语境的可解读性。

<h2 style="text-align:center">诗歌意境的呈现</h2>

《旅夜书怀》中前四句写景，五、六句说理，末两句抒情。事实上，写景中饱含有感情，轻适的"细草微风"，与"危樯独夜"对照，刚柔轻重对照强烈。"独夜"处于"危樯"，自然显出孤独艰难之境。而"星垂"、"月涌"两句，写得浑阔深远，衬托了诗人的微小和孤独，所以情附着于景中。而"名岂文章著"两句，既是抒怀，理中也正含情。"飘飘何所似，天地一沙鸥"，写诗人的孤独无依之情，又何尝不是描绘苍茫天地间唯有一只孤鸟的简洁图景。有情、有景、有理，诗歌的意境因而被拓展。意境是一个形式生成的过程。情、景、理的分配和交融使用，实际上仍然凭借了基本形式的布局。例如对偶，对偶关系的确立，沟通了人与自然、宇宙的关系，也是对时间与空间、历时与共时关系的穿通。时空的随机并有机的对应组合，拉近或推远，选择与呼应，才能使物与我、情与景、形与神、动与静、虚与实、象与意完美地熔融为一，意象也方能因此得以呈现。此诗中，天地星垂，江中水流，上下沟通，岸边细草，危樯夜舟，前后相连。空间得以打开；典故的使用贯通古今，将历史与当下很好地联结呼应并互文，因而时间被穿通。对偶与句法结合，使意象丰富，诗意丰赡。对"星垂"两句，黄生曾将此联与李白诗联评比——太白诗"山随平野尽，江入大荒流"，谓句法与此略同。然彼只说得江山，此则野阔星垂，江流月涌，自是四事也。盛赞诗句含量之大。篇章的整体安排，起句描写拉开情境帷幕，诗中承转，落句含思，将自然之象与心中之意完美熔融，加之对意象类型的专深体悟，既胸罗宇宙，又思接千古，使诗歌具有了语言表层之外的其他多重的结构和意义。

《旅夜书怀》这首诗深刻体现了杜甫对诗歌形式的把握和运用，更重要的是，此诗显示了形式怎样建构流转流美、丰富厚重、时空交错、浑远苍茫，韵味无穷的审美情境。通过对此诗的诗格理论分析，我们不仅领会了杜甫诗歌艺术形式如何与审美意谓完美融合，怎样表现律诗的审美特征及审美意义，更从实践中深化了对唐五代诗格理论的再认识和考量。

师生共学

学生猜读诗歌的作者，教师点评。

生1："名岂文章著，官因老病休"和"百年多病独登台"意境相似，杜甫以"病"来表达沉郁的悲哀，所以我认为《旅夜书怀》是杜甫的作品。

生2：的确比较容易分辨。但我们也要注意，其实杜甫的"星垂平野阔，月涌大江流"何尝没有李白的浪漫和奇丽，和"月下飞天镜，云生结海楼"一样，都有恢宏的意境。所以李杜的风格并不是完全固化的。

生3：杜甫的"星垂平野阔，月涌大江流"和李白的"月下飞天镜，云生结海楼"，一个偏写实，一个偏想象，区别还是很明显的。

生4：意象和手法都有相似之处，但我们还可以思考两人面对"羁旅"所产生的情思有何异同，又是哪些因素造成了这样的异同。

师：老师结合学生们的讨论和赏析文章分享自己的看法。

《渡荆门送别》是李白出蜀时所作，作者时年二十五岁，虽有"仍怜故乡水，万里送行舟"的思乡之情，但喜悦开朗的心情和青春的蓬勃朝气却在"山随平野尽，江入大荒流"的开阔中展现出来。

《旅夜书怀》却是在杜甫既老且病，飘泊无依时所作，"名岂文章著，官应老病休"，杜甫一如既往地开始了伤感的自嘲。"飘飘何所似，天地一沙鸥"则是他一生的生动写照。虽然诗句不乏雄奇壮阔的描写，但沉郁顿挫的风格仍然十分明显。

师：阅读杜甫诗歌要把它置于众多的相关性文本群中，在不同文本的相互映照下，显露出诗歌蕴含的意义。也只有把杜甫诗歌与不同的文本关联起来，其隐含的意味才能不断发掘出来。

以"互文见义"的观点解读文章。既可用已读过的杜甫诗歌来参照当下正在阅读的杜甫诗歌，在联想、比较中受到启发，得到感悟，亦可结合读过的其他艺术作品来获得顿悟。

师者助读

《杜甫〈旅夜书怀〉的诗格理论分析》助读

这篇文章从唐五代诗格研探的理论取向切入，与《旅夜书怀》意象结构、展开方式、节奏章句、整体之"势"相照应。又从唐朝诗歌理论追求、唐人的律诗创作实践入手，分析杜甫诗歌中典故的运用和意象类型化的使用，实现了诗歌意义的多重张力。

还对《旅夜书怀》情、景、理的分配和交融进行了分析，让读者随文体悟杜甫诗歌怎样建构丰富厚重、时空交错、浑远苍茫、韵味无穷的审美情境，感悟杜甫诗歌的沉郁顿挫风格。

这样的诗歌赏鉴，既有感性认识又有理性思考，避免了就诗论诗，凸显了杜甫诗的价值。

同伴分享

下面的小组讨论，把握住了"比读"的精神内核，既注重联系文本，又能够有意识地从多角度切入去比较，并进一步大胆地尝试确定新的比较点，探究思维在这里得到了体现。

1. 第一小组观点：

"星垂平野阔，月涌大江流"——从"星垂平野阔"的"垂"及"月涌大江流"的"涌"便可知道杜甫的用心炼字。"垂"写出了在空旷平野看星的独特感受；而"涌"则写出了月随江涌的磅礴之感。这两句诗也是全诗的经典之句，不仅对仗工整，而且还借景抒情来表达孤独的心境。杜甫以"语不惊人死不休"来努力创作，从本诗大可一窥全豹。

"山随平野尽，江入大荒流"——由"山"到"大荒"，地势逐渐平坦，蜀地的险峻不再，新鲜而无尽的世界向年轻的诗人展开，作者的雄心壮志与思乡之情交织，让我们想起了李白的《金陵酒肆留别》："风吹柳花满店香，吴姬压酒唤客尝。金陵子弟来相送，欲行不行各尽觞。请君试问东流水，别意与之谁短长。"这首诗的创作年代与《渡荆门送别》相近，诗中有留恋不舍，但作者的蓬勃朝气同样体现得非常明显。

2. 第二小组观点：

(1)关于本课段汇报演讲题目的拟定

我们认为，选题的题目应该用凝练的句子来概括，并体现相同点或相似点。

"浪漫与现实，从诗格到性格——论李杜的'宴客诗'""山登绝顶我为峰——论李杜的'泰山诗'""风急天高，一叶轻舟——论李杜的'三峡诗'"。

(2)关于比较点的确定

学习了他人的经验，还要回归到作品中找到比较阅读的出发点。这里的出发点可以是自己感性的灵感、猜想，也可以是理性的认识、考证，可以是自己大胆的尝试，也可以是前人已有的探索。

李白、杜甫两位诗人，都曾在三峡一带留下许多文学活动的痕迹。入选高中课本的《登高》(风急天高猿啸哀)、《秋兴》(玉露凋伤枫树林)都是杜甫以三峡为题材而创作的。而李白围绕三峡而写的诗文也不少，如《峨眉山月歌》："峨眉山月半轮秋，影入平羌江水流。夜发青溪向三峡，思君不见下渝州。"这首诗是作者于开元十三年出蜀途中所作，诗中连用五个地名，构思精巧，不着痕迹。全诗意境清朗秀美，风格自然天成，为李白脍炙人口的名篇之一。如果细心搜集，会有很多比较点。

我们诵读李白与杜甫的宴客诗，感觉到他们在宴请宾客时表现出的个性差异，一个很豪爽，一个很朴实。李白和杜甫的活动年代很接近，我们想在下个课段汇报同样经过安史之乱的两人在创作田园诗中有怎样的异同。

第五课段　班级交流，成果展示

这一课段交流展示学习成果。在与同伴之间的分享、共享中，更明晰、更全面、更深入地认识杜甫的"诗圣"地位以及杜甫诗歌的思想情感与艺术风格，进一步感悟杜甫忧国忧民的伟大情怀。

学习本课段应充分发挥集体智慧和力量。在准备阶段，通过充分讨论来确定本小组交流展示的内容和形式，注意筛选、整合。收集整理反映研究过程及成果的第一手资料，比如研究过程记录表、研究的心得收获、汇报表演的剧本、讨论记录、照片、摘抄笔记、网络截图等。明确每个小组成员的分工，再分头准备，并及时进行整合、调整。交流展示的形式可以丰富多样，比如讲解、表演、讨论等，选取最能体现小组风格、水平的形式。要注意的是主要内容要突出，层次要清晰，可以运用多媒体优化展示效果。比如可以PPT形式展示小组的分工、研究方法、研究过程、研究成果、心得收获等。

在交流展示时，学生要认真倾听他人发言，捕捉重要信息，提升口头表达的技巧及能力。此外，以赏识、虚心的态度取他人之长，拓宽自己的视野，提升自己的思想高度、思维深度。

这一课段建议使用4课时。

一、策划准备：学会选择整合

学习任务

1. 学习整理资料，确定交流展示的内容及方式。
2. 确定交流展示的具体内容，分工合作做好交流准备。
3. 汇报者做好演示报告PPT，设计互动活动。

师生共学

（一）交流展示的主要内容

可以在以下七个方面进行取舍，不一定面面俱到。

1. 选题及理由，比如：研究的意义、难易程度的考量、兴趣所在等。

2. 研究方法，比如文献研究法、实地考察法、问卷调查法等。

3. 主要观点或者结论，以及主要的支撑论据。

4. 研究收获或心得。

5. 还未解决的疑惑以及进一步研究的思路。

6. 推荐学习资源、学习方法、参考书籍。

7. 特色或亮点。

（二）交流展示的准备

1. 集体讨论研究，确定内容及方式。

①初步确定汇报展示的内容。汇总原始资料，以备选用。

②对展示内容进行提炼、整合、优化，使条理更清晰、表述更准确、语言更简洁。

③确定汇报展示的形式及发言人。

2. 制作相关 PPT，准备演示报告。

3. 分头准备，进行合成预演，并进行调整，定稿。

二、交流分享：学会倾听表达

学习任务

1. 学会分享和赏识他人。

2. 汇报者报告学习成果，组织互动活动，倾听者学习倾听，提高获取信息、重组信息的能力。

师生共学

（一）交流指导

1. 如何发言。发言者要努力做到：观点鲜明、思路清晰、层次分明、声音洪亮、吐字清楚，辅以适当的肢体语言；积极与听众互动，调动听众的积极性，吸引听众的注意力。

2. 如何倾听。倾听者要努力做到：认真倾听，抓住交流者的发言要点，明确发言者的思路，梳理发言的优劣之处，思考优化建议，及时把这些记录下来。

3. 确定评委。评委由学生代表和语文教师共同组成，评委人数一般为单数。

4. 研制评分细则（表3）。

表3 交流评分表（满分100分）

评价项目	评价要点	得分
展示内容 （35分）	1. 内容能紧紧围绕主题，观点正确、鲜明，见解独到，内容充实具体。（15分）	
	2. 材料真实、典型、具有说服力，有力地证明观点。（10分）	
	3. 汇报思路清晰，语段及段内语句之间衔接自然紧密。（5分）	
	4. 观点明确，论据材料丰富，具有较强的独立思考与判断能力。（5分）	
语言表达 （35分）	1. 汇报者语言规范，吐字清晰，声音洪亮圆润。（10分）	
	2. 能用基本正确的语句，准确、流畅、自然地表达自己的思考。（10分）	
	3. PPT运用恰当，能有效辅助本组的汇报展示。（15分）	
形象风度 （15分）	汇报者精神饱满，仪态端庄，衣着自然、稳重，能较好地运用姿态、手势等，表达对汇报内容的理解。	
综合印象 （5分）	汇报者台风大方庄重，举止自然得体，语言富有感染力，能唤起听众的共鸣。	
会场效果 （10分）	汇报展示具有较强的感染力、吸引力，能较好地与听众互动，营造良好的展示氛围，达到良好的展示效果；能关注听者反应，调控展示效果；汇报时间控制在15分钟之内。	

（二）交流展示

1. 主持人介绍评委，宣读活动要求及评分细则。

2. 各小组按抽签顺序依次展示交流，评委打分，记分员统计平均得分（去掉最高分和最低分），主持人在一个小组交流完后宣布上一小组得分。

（三）师生点评提示

注意研究过程的计划性、活动的实效性，组长的组织、调配、协调作用，小组研究的分工合理性，组员的任务完成质量。

交流展示的形式是否恰当，比如形式、多人汇报、单人主讲等，是否有利于呈现主要内容。

问题及建议举例：要注意时间分配，避免前松后紧、粗糙。避免找得多、看得多，但是梳理提炼不够，思考研究不够。避免呈现出来的成果摘抄内容过多，或者比较散乱，缺乏逻辑严密性。

同伴分享

成都某班在学习本课段时分多个小组进行展示交流。以下两个小组的汇报有各自的亮点，分享如下。

小组汇报展示示例

第一组：

组长：王子敬

组员：黄俊屹、余艺雯、徐嘉蔚、李洪伟

研究题目：对杜甫诗歌中疑问句作用的研究

研究方法：实地调查法、文献研究法等

一、成员分工

1. 组长王子敬，是整个小组的核心，任务是指挥小组开展活动，督促小组所有成员完成各自的任务，组织全组人员有组织、有目的、按计划地进行学习活动。

2. 记录及打字员余艺雯，她负责记录小组的活动、决议、讨论结果。

3. 实地考察员黄俊屹，他负责去实地考察考证，并逐步从各个地方获取资料。

4. 网络资料员李洪伟，他负责从网上获取一些有用的信息，汇总并报告。

5. 书籍参考员徐嘉蔚，她负责在书城中挑选有用的书，将不同的章节分给组员阅读后，组织组员边阅读、边讨论。

所有小组成员都参加每次的学习讨论，并按照规定时间完成研究的进度与学习任务，最终共同完成本选题的研究工作。

二、研究过程

第一章　作业的召唤（2014 年 1 月 20 日）

我们小组成员商量好分工，各司其职，然后大家一起共享资源，一起汇总资料。

2014 年 1 月 20 日，在短暂的寒假休整后，马上就要过春节了，我们小组开始了对杜甫的研究。小组长开始打电话召集组员，确定了每个人的工作，并计划在 1 月 25 日汇总资料，进行集体讨论。

第二章　奋斗的过程（2014 年 1 月 21 日）

明确任务后，小组迅速开始行动，组员黄俊屹就开始了他的实地考察之旅。但是由于我们的标题是《对杜甫在诗中疑问句作用的研究》，在杜甫草堂没有找到资料。不过，去杜甫草堂的那天，刚好下着小雨，游客很少，所以此行也并不是一无所获，至少好的风景让他难得地体会到了杜甫诗中的意境。

与此同时，书籍参考员徐嘉蔚也在行动。

不只有徐嘉蔚在行动，组长王子敬也去考察了。

但是，书中的杜甫诗歌大都没有疑问句。即使有，其研究文章讲的是对杜甫诗的赏析，并没有提到太多疑问句的作用。所以于选题相关的帮助甚少，倒是对鉴赏杜甫诗有帮助。

我们把希望寄托在网络资料员李洪伟身上。

第三章　一筹莫展（2014 年 1 月 30 日）

研究进展不顺，关于这方面的资料几乎空白，似乎以前没有人研究过"杜甫诗歌中的疑问句"。我们都差点后悔选这个题目了。一时间，大家都不知道接下来该怎么办。

第四章　英勇地站起来（2014 年 2 月 7 日）

这时候，我们的组长王子敬鼓舞了大家，他说："在真实的生命里，每桩伟业都由信心开始，并由信心跨出第一步。"大家深受鼓舞，树立了信心。之后余艺雯提出意见，大家决定，就凭借自己对老师发的 12 首诗中仅有的 7

个疑问句与另外的 5 句诗进行具体分析，不再找现成的有关"杜甫诗中的疑问句"的资料，因为我们要靠自己努力。

第五章　最后的一搏(2014 年 2 月 13 日)

最后全组同学，花了除了春节外的不少时间，用了不少电话费，花了不少精力，终于啃下了这块"硬骨头"，我们戏称填补了这一领域的"空白"，为人类了解杜甫及其诗作，迈出了新的一步。同时，也终于完成了寒假作业。研究中，大部分内容都是同学们自己想出来的，也都是自己一个个字打出来的(除了引言部分)，所以这次研究成果来之不易，且带有极高的原创性。其中李洪伟找到的《现代文中疑问句的作用》一文给了我们很大的启发。

三、研究成果展现形式

图片、照片、文字、表格、PPT。

四、研究成果

杜甫诗在疑问句的应用

杜甫在语言方面的开拓求变是多方面的，可以从杜甫对疑问句的使用窥斑见豹。

杜甫诗歌中的疑问句主要有以下作用：

1. 启人遐思，引发共鸣。

能吸引读者，引起读者思考。如：《新安吏》："县小更无丁?"这是杜甫的问话。唐高祖武德七年(624)定制：男女十六为中，二十一为丁。至天宝三年(744)，又改以十八以上为中男，二十三以上为丁。按照正常的征兵制度，中男不该服役。杜甫的问话是很尖锐的，眼前明明有许多人被当作壮丁抓走，却转而问："新安县小，再也没有丁男了吧?""府帖昨夜下，次选中男行。"吏很狡黠，回答说，州府昨夜下的军帖，要依次抽中男出征。杜甫又问：中男又矮又小，怎么能守卫东都洛阳呢? 吏没有答话。这样的一问一答，令人想到小小的兵的确不能守住洛阳，引起读者共鸣。

2. 通过问答来表现作者感情。

如《新安吏》中的问答，从中可以体会得出作者的感情(对人民的同情)。再如："飘飘何所似? 天地一沙鸥。"(自己到处漂泊像什么呢? 就像天地间一只孤零零的沙鸥——《旅夜书怀》)不仅引出了下文，还恰当地抒发了感情。水天空阔，沙鸥飘零；人似沙鸥，转徙江湖。一字一泪，感人至深，主人公孤独流浪的形象完全凸显出来了。

3. 引起下文，衔接、过渡，展开话题。

杜甫诗歌中有大量的叙事描写内容，叙述描写的角度多变，从多个方面进行铺陈。杜甫常常使用疑问句引起叙事或描写，或者将前后内容进行勾连衔接。如《丽人行》"头上何所有？翠微匐叶垂鬓唇。背后何所见？珠压腰衱稳称身。"用了两个问句引出对头饰的描写，以及对美妙身段、服饰的描写。用两个疑问句做一点停顿，还可以引起读者的好奇和注意。

4. 语气灵活，调整气韵。

一首诗如都用同一种句式、语调来表达，会产生单调呆板的感觉。"易工而难化"，而杜甫善于在严格的诗歌声律控制下发挥语言的灵活性，他通过上下的语气变化来求得气韵的流转，如：《自京赴奉先县咏怀五百字》"胡为慕大鲸，辄拟偃溟渤？""臣如忽至理，君岂弃此物？"两句语调一致，有语气变化而显得抑扬顿挫，一长串平淡的描述突然来了一个疑问，语气转折非常巧妙。它们使句子更有了灵性，语气更灵活。

5. 加强了语气。

如《兵车行》"长者虽有问，役夫敢申恨？"（尽管长辈有疑问，服役的人们怎敢申诉怨恨！），用反问句强化役夫的敢怒而不敢言，把征夫的苦衷和恐惧心理，表现得极为细腻逼真，使文章的情感表现得更淋漓尽致。即使从语气中也听得出来，明显要比"役夫不敢恨"好。

6. 设置悬念。

杜诗用疑问句构成悬念，使读者带着问题往下探究。以疑问句式开头，其优点在于：引起读者注意，引出话题，更好地体现文章的中心。如《蜀相》"丞相祠堂何处寻？锦官城外柏森森。"（何处去寻找武侯诸葛亮的祠堂？在成都城外那柏树茂密的地方。）开头用疑问，引出了诸葛亮，这样就提起了读者的兴趣。

7. 引起别人注意。

为了引起别人注意，以自问自答的形式，自己提问自己回答，就叫作设问句。设问还能启发读者思考，也可以加强作者思想感情的表达，引出下文，承上启下。

从以上分析得出杜甫在诗歌中所用的疑问句表达效果明显。杜甫诗中对疑问句的精妙使用值得去学习与借鉴。

第二小组：

　　组长：王林

　　组员：穆阳、刘翔雨、喻溪亭、余白荷、吴馨怡

一、研究题目

安史之乱前后杜甫诗歌风格变化。

二、研究动机

唐代诗人以李白为代表，诗风多以豪迈洒脱为主，而杜甫从二十岁开始壮游，诗风本应同李白相似，但他的诗却总体给人一种沉重感。这必定与他的人生经历以及那个时代和社会有关。安史之乱作为唐朝社会和杜甫人生的一个转折点，具有很大的研究价值。那么安史之乱前后，唐代社会、杜甫的人生、杜甫的诗歌发生了什么变化呢？

三、研究方式

大量阅读书籍、网上查阅资料、实地考察。

四、研究成果

（一）话剧表演（自编自演）

杜甫一生的经历坎坷曲折，这对其诗歌创作中起着决定性的作用。我们选取了他不同时期的四首代表诗作，早期的《望岳》，安史之乱后的《悲陈陶》《石壕吏》以及在成都寓居期间的《江畔独步寻花》，将之编排演绎成四幕话剧，目的是直观形象地呈现杜甫从早期壮游到晚年漂泊的经历，尤其是安史之乱前后杜甫的经历和他的思想感情变化在诗作中的体现。

【四幕剧表演】

导演：吴馨怡

演员：

杜甫——刘翔雨

士兵——王林

士兵妻子——余白荷

士兵老母——穆阳

官员、官吏——王林（兼）

百姓——穆阳、喻溪亭、余白荷、吴馨怡等

老妇——喻溪亭

老翁——王林（兼）

旁白——吴馨怡

第一幕

【旁白】唐玄宗开元二十三年(735),诗人杜甫到洛阳应进士落第而归。第二年二十四岁的他开始过一种不羁的漫游生活,游历赵、齐(今河北、山东一带)。

(杜甫出场,手拿折扇站在泰山山脚仰望泰山。)

杜甫(惊叹):多么雄伟的泰山啊!

杜甫:我到洛阳应进士,无奈落第而归。(摇头)

杜甫(俄而抬头):但是看着这郁郁苍苍的山色无边无际,浩茫辽远。我一定要登上泰山的最高峰,俯瞰那众山,睥睨周围矮小的群山。(单手握拳,神色坚决)

(提笔,写诗。)

杜甫:(一边下一边吟诵)"岱宗夫如何,齐鲁青未了。造化钟神秀,阴阳割昏晓。荡胸生层云,决眦入归鸟。会当凌绝顶,一览众山小。"

(3个小组成员上)

成员1:杜甫早年的《望岳》给人一种气势雄伟、意气风发之感。

成员2:是的,特别是"会当凌绝顶,一览众山小",不仅写出了泰山的雄伟,也表现出诗人的心胸气魄。

成员3:可以看出,杜甫早期的诗意境开阔,气势雄伟,富有哲理。

成员1:也让我们看到了杜甫诗中所展现的远大的胸襟和抱负。

第二幕

第一场

(士兵、士兵妻子、士兵老母上)

(杜甫上,路过一家门口)

士兵(声音低沉):娘,您多保重。

老母(哭):儿啊,你出征在外,千万要保重身体,一定要活着回来啊!

士兵(擦泪):我知道了,我去了。

(士兵妻子在一旁拭泪,士兵与母亲、妻子拥抱)

(士兵离去,回头挥手,依依不舍)

老母（祈祷）：苍天啊，保佑陈陶之战大胜，保佑我儿平安回家！

（杜甫看到这一幕，摇了摇头，叹气）

第二场

几日后。

（杜甫、官员、士兵老母、士兵妻子上）

（官员在布告栏张贴告示）

官员（哀伤）：陈陶之战大败，四万名兵士一日之内全部战死。

（杜甫和两名百姓上前围观）

老母（老泪纵横）：我的儿啊！！你怎么这么早就去了啊！

妻子（掩面哭泣，扑倒在地，口吐白沫）：我的夫君啊！！

（杜甫悲伤地摇摇头）

（官员、百姓下）

（杜甫独自坐在凳子上沉思）

杜甫：战事不利，受苦的还是百姓。战争夺取了多少人的生命啊！

（提笔写诗——《悲陈陶》）

孟冬十郡良家子，血作陈陶泽中水。

野旷天清无战声，四万义军同日死。

群胡归来血洗箭，仍唱胡歌饮都市。

都人回面向北啼，日夜更望官军至。

（杜甫一边低吟一边下）

旁白：《悲陈陶》讲述的是唐肃宗至德元年（756）冬，唐军跟安史叛军在陈陶作战，唐军四五万人几乎全军覆没。来自西北十郡（今陕西一带）清白人家的子弟兵，血染陈陶战场，惨烈无比。杜甫这时被困在长安，诗即为这次战事而作。

（学习小组成员上）

成员1：唉，陈陶之战伤亡惨重，战争带来的是无尽的痛苦。

成员2：疆场战士牺牲无数，城中百姓叫苦连连。杜甫的这首《悲陈陶》给人一种沉重之感。

成员3：陈陶之战伤亡是惨重的，我们能从诗中深切感受到杜甫的沉痛与同情。但是杜甫从战士的牺牲中，从人民流泪的悼念中仍然发现一种悲壮的美，并将它写出来了。

　　成员1：对，可以说它能给人们以力量，鼓舞人民为讨平叛乱而继续斗争。

第三幕

　　【旁白】乾元二年(759)春，杜甫由左拾遗贬为华州司功参军。他离开洛阳，历经新安、石壕、潼关，夜宿晓行，风尘仆仆，赶往华州任所。所经之处，哀鸿遍野，民不聊生。

　　第一场

　　(杜甫、官吏、老妇、老翁上)

　　(杜甫走在路上，投宿一户人家，忽听得敲门声，便侧耳细听)

　　官吏(使劲敲门)：开门！官府的！

　　老翁(惊恐)：官府的！他们肯定是来抓人充军的。

　　老妇(指着墙，着急)：快，快从墙上翻出去，快走！

　　(老翁做翻墙状，下)

　　(老妇慢慢开门)：来了，来了。

　　官吏(凶狠地)：老子敲了这么久的门你才开，不想要命了啊。快把你们家的男子交出来。

　　老妇(被吓到，哭)：啊，官爷啊，你不知，我们的生活实在苦得很啊。

　　老妇(唱)：三男邺城戍。一男附书至，二男新战死。存者且偷生，死者长已矣！室中更无人，惟有乳下孙。

　　(官吏一把推开老妇，进屋)

　　(一年轻妇女上，抱着孩子。作惊恐状)

　　官吏(瞪老妇人一眼)：这不是还有人吗！

　　老妇(赶忙追上官吏，摇摇手说)：没了没了，孙子在所以媳妇还在。这里就我们了。

　　官吏(凶狠地)：那我不管，必须出一个人跟我走！

　　老妇(无奈而悲伤)：我虽然老了，但是还是请让我跟你们去吧，我可以为你们煮饭。

　　官吏(沉思，无奈)：好吧。

　　(老妇下、官吏下)

第二场

第二天黎明。（老翁、杜甫上）

杜甫（同情地）：您保重。

（老翁摇了摇头，叹气，点了点头。）

（老翁下）

杜甫（提笔写诗）：

暮投石壕村，有吏夜捉人。老翁逾墙走，老妇出门看。

吏呼一何怒！妇啼一何苦。听妇前致词，三男邺城戍。

一男附书至，二男新战死。存者且偷生，死者长已矣！

室中更无人，惟有乳下孙。有孙母未去，出入无完裙。

老妪力虽衰，请从吏夜归。急应河阳役，犹得备晨炊。

夜久语声绝，如闻泣幽咽。天明登前途，独与老翁别。

（杜甫愤而掷笔，长叹一声，下）

（学习小组成员上）

成员1：唉，那个时期的官吏连老人都不放过，实在可气！

成员2：是啊。杜甫亲眼目睹这悲惨的事情，在《石壕吏》中揭露了官吏的残暴和兵役制度的黑暗，对安史之乱中遭受苦难的人民深表同情。

成员3：嗯。杜甫巧妙地通过叙事抒了情，发了议论，爱憎十分强烈，倾向性十分鲜明。

成员1：杜甫这个时期的诗有着沉郁顿挫的风格，这与他心系百姓、心忧国事紧密相关。

第四幕

【旁白】唐肃宗上元二年（761）诗人杜甫在饱经离乱之后，寓居四川成都，在西郊浣花溪畔建成草堂，暂时有了安身的处所，心情比较舒畅。

（杜甫漫步在林间小道上，欣赏周围的野花）

杜甫（深呼吸）：花香沁人心脾，让人舒服、自在。

（慢慢向前走）

杜甫：蝴蝶在花中飞舞，黄莺在树间歌唱，这么美的景色怎能不写一两首诗呢。

（提笔写诗）：黄四娘家花满蹊，千朵万朵压枝低。

留连戏蝶时时舞，自在娇莺恰恰啼。

（杜甫下）

（演出结束，小组成员上场谢幕）

成员1：我去杜甫草堂游览过，那里的环境实在迷人，可见杜甫在成都的这段时光还是很惬意的。

成员2：一个饱经风霜的老人，迟暮之年能在这么个安静舒适的地方度过，心情自然也慢慢舒畅了。

成员3：诗中描写了春暖花开、花香鸟语的美好景色，抒发了诗人欣喜之情以及希望早日平息战乱、让人们过上幸福安定生活的愿望。

（二）研究结论

安史之乱前的杜甫是怀着当官梦的，他意气风发想施展抱负。这一时期，他的诗中充满了阳光，富有积极进取的色彩，但是时代由盛转衰，政治腐败浇灭了他的梦。以辞官为界，杜甫诗歌大致呈现出两种风貌：前期，诗人侧重于"志"的表达和"事"的记述，写下了《北征》、《哀江头》、"三吏"、"三别"等以重大社会时事为背景，集中表现动乱时期社会面貌的诗篇；辞官入秦后，诗歌创作发生变化，直陈时事的作品数量减少，力度减弱，取而代之是抒写自然风物、怀人遣兴的诗作，这些诗作着意于"情"的抒发，通过对自己身世的伤叹来折射时代的氛围。

杜甫诗风的转变，主要原因至有如下五个方面：思想性格，政治理想，人生经历，王朝变故，艺术追求。

根深蒂固的儒家思想，尤其是仁民爱物的思想，使得杜甫始终怀有积极入世、关心民生的热情，使得他以后稷和契两位上古圣人为榜样，要为民造福；耿介的性格，使得杜甫不肯随波逐流，过轻松潇洒的日子，而要百折不挠地试图实现其政治理想，当自己无法实现政治理想的时候，便将希望寄托在年轻朋友的身上。杜甫早年就有"致君尧舜上，再使风俗淳"的政治理想，这个理想的表述虽然没有出现百姓、人民等字样，但是，毫无疑问，一旦他的政治理想得以实现，百姓、人民便是直接受益者。杜甫早年的角色是官宦子弟，是山川名胜的游历者，是文人士大夫文艺沙龙中深受长辈赏识的青年才俊，是达官贵人筵宴上才思敏捷的诗人。这一阶段，他没有必要愁眉苦脸。虽说不在其位不谋其政，但这并不等于杜甫早年就不同情百姓疾苦，就不忧国忧民。

杜甫的诗歌向来称"诗史"，离不开时代的和社会因素，倘若李唐王朝不曾发生过因为将相欺瞒邀功，大量士兵战死沙场，需要大量征兵的事情，他也写不出《兵车行》《前出塞九首》；倘若唐玄宗还是一个励精图治的明君，不任用李林甫、杨国忠之类奸相，他也不可能写出《丽人行》；倘若李唐王朝统治者勤俭节约，生活朴素，跟开元年间一样"公私仓廪俱丰实"，百姓过着富足的生活，杜甫也不可能写出《自京赴奉先县咏怀五百字》。杜甫的诗歌创作，一直走的是现实主义路线，追求一语惊人、震撼人心的艺术效果。因此，他要反映社会现实，将贫富贵贱等不公平现象进行强烈的对比。

"许身一何愚，窃比稷与契"，"生逢尧舜君，不忍便永诀"，"顾惟蝼蚁辈，但自求其穴"……《自京赴奉先县咏怀五百字》一诗，是杜甫的夫子自道，道出了他诗歌风格巨大转变的诸多奥妙。

【教师点评】

第一个小组的研究分工具体，任务明确，研究过程记录真实具体，研究成果"带有极高的原创性"，七条结论是同学们独立自主研究的结果，充分体现了团队的智慧和钻研精神，值得肯定。该组运用通识知识，结合教师提供的材料，自己补充材料，小组合作研究的研究法值得借鉴。但还需注意结论的科学性、客观性、说服力。

第二个小组以剧本演出的形式进行交流，颇有新意，他们的剧本和演出虽还比较稚嫩，但勇于尝试和创新的精神是值得学习的。该小组的交流展示中，有两处值得推敲之处：

一是课本剧中"陈陶之战大败，四万名兵士一日之内全部战死"这一内容有没有查证过？是否符合史实？我们在研究时一定要尊重历史，现有资料如无法查证，则要予以说明，不能随意改变史实。

二是不能由杜甫草堂当下的环境迷人，随意推出"可见杜甫在成都的这段时光还是很惬意的"这样的结论，要注意搞研究要有科学严谨的态度，每一个结论都应有充分的依据。

师者助读

1.汇报者根据小组汇报展示内容设计以下问题，请倾听者回答。

①在该小组的汇报中，你对哪部分内容最感兴趣？为什么？

②该小组的研究结论核心内容是什么？

③你同意他们的观点吗？你有什么补充或不同意见呢？

④你认为该小组的研究方法和研究过程怎么样？你有什么建议吗？

⑤在倾听了该小组的汇报展示后，你有什么感想和建议？

2. 评委或主持人可向汇报者从以下几方面提问。

①研究方法的确定依据，研究方法的优化点。

②研究过程的模糊处、不当处、可以深入处、可以优化处。

③研究目的或动机。

④研究内容及结论的合理性、科学性。

⑤小组分工的合理性和有效性。

⑥PPT 制作及使用的有效性。

⑦汇报展示中语言表达的规范性、有效性、生动性。

3. 互动提问：倾听者向汇报者提出疑问，汇报者进行解答。

第六课段　　写作实践，个性表达

　　这一课段重点学习如何撰写小论文或总结，这是对专题学习成果的再提炼，也是专题阅读的个人书面总结。

　　学生先完成《叶嘉莹说杜甫诗》的基础阅读，之后根据自己的基础和兴趣，选择阅读闻一多的《唐诗杂论》（节选）、刘宁的《唐宋诗学与诗教》（节选），把握诗歌解析、鉴赏的方法，掌握小论文的写作方法，以多种表现形式呈现学习所得。其中，写作小论文是本课段的重点学习任务，需要学生明确学习目标后，阅读名家的研究论文和报告，学习写作方法，对自己专题学习的内容与成果进行全面的再梳理与总结，写出自己的专题阅读小论文。此外，同学们可以用随笔表达自己在专题学习中的成长与收获。

　　本课段建议使用 4 课时。

一、名家示范：打开写作视野

学习任务

　　1. 阅读叶嘉莹评价杜甫的文章，分析文章的内容和结构框架，把握文章的写作思路和写作手法。

　　2. 阅读闻一多的《唐诗杂论》（节选）、刘宁的《唐宋诗学与诗教》（节选），把握文章分析角度，理清文章思路，体悟如何表达自己的独到见解。

(一)基础阅读

杜甫是一位集大成的诗人 ①

叶嘉莹

　　杜甫，他能够吸收古今南北的各方面的风格，接受各方面的好处，完成他集大成的成就。一方面，他生在唐朝这样一个可以集大成的时代；另一方面，他也有接受各方面质素的容量和胸襟。而在杜甫之前，像李白这样绝顶的天才都否定了近体诗的成就，所以不能在律诗的领域里开拓出一片更广阔的天地。我们曾做过这样一个比喻，如果以诗歌之平仄对偶的格律为鸟笼，李白这个飞扬的天才就像被关在笼中的大鹏鸟，翅膀都张不开，施展不开怎么能写好呢？所以他破坏了笼子。杜甫也是一个天才，他将笼子研究了一番之后，摸透了笼子的原理，然后对其进行了改造，使改造后的笼子可以容纳他在里面变化飞腾了！

　　当然，李白有李白的成就，他虽然打破了笼子，可他完成了另外的方面。有人想打倒一切，你尽管打破，然而你完成了什么？李白虽然打破了形式上的格律，但是他保持了本质上的平衡，所以他在破坏中有建设，你不能只看他的破坏。那么杜甫呢？杜甫把笼子改进了，在严格的形式中给其以多种的变化，他张开翅膀往这边一推，可以把这边的笼子推出去，他张开翅膀往那边一推，也可以把那边的笼子推出去，他可以在笼中随心所欲地施展。他改造了格律严格的限制，使其能够自由化，从而有多种的可能性。我们以后要讲杜甫对七言律诗的开拓，将以前的七律和杜甫的七律做一个比较，你就知道他对笼子进行了怎样的改造了。这个我们留待以后再讲。

　　我们说杜甫是一位集大成的诗人，可是，造成这种集大成的结果必有某种原因。他为什么会有这种集大成的成就？我实在要说，因为他能够深入生活，面对生活。李白是了不起的一位天才，但他的诗多半是从自己出发的；杜甫不是这样，他真的是深入生活，关心大众。像他的"三吏"、"三别"等很多诗，所反映的都是人民大众的生活，他能够体验各方面、各阶层的人的生活，而且能够把它写好，这是造成杜甫诗歌之集大成的一个原因。

---

　　①　叶嘉莹. 叶嘉莹说杜甫诗. 北京. 中华书局，2015：12～14，15，16，17.

杜甫之所以能够如此，既有环境的关系，又有性格的关系。杜甫在其所生长的环境中接受的是儒家用世的教育，儒家常常说"士、农、工、商"，凭什么资格就把"士"放在那些辛辛苦苦劳动的"农""工"之上？儒家之所以把"士"放在"农"、"工"、"商"之上的缘故，是因为"士"是"以天下为己任"的，你将天下的治乱安危放在自己的肩膀上，当作自己的责任，可谓任重而道远，理应受到尊重。可是后来的士人，你看一看《儒林外史》，看一看《二十年目睹之怪现状》，那些人岂不是儒家的士？但他们已经堕落到只知道做官，只知道贪赃枉法，以最高的社会地位做这种最污秽的事情。这是儒家后代的堕落，儒家原来的最高理想本不是如此，而杜甫所继承的真是儒家传统中最正确、最高最好的理想，所以他能够深入生活，面对生活，关心人民大众。

杜甫之所以伟大，一个重要的原因就是他的感情都是合乎伦理道德的感情，而他把合乎伦理道德的感情写得和李商隐那种不被社会伦理所允许的感情一样真挚深刻，甚至比李商隐更真挚深刻、更具有感动人的力量，这是杜甫很了不起的一点。杜甫的诗歌主要表现了他对于国家和人民的一份关怀，因为这份关怀真的是出自他的天性，所以他的胸襟比一般人博大，感情的分量也比一般人深厚。他把道德伦理的感情与他自己私人的本性的感情结合起来，打成了一片。他所写的那种对于国家、对于人民大众的感情如此真挚、深厚、博大，这是造成杜甫集大成的另外一个原因。

的确，杜甫的诗完全不符合现在的现实。可是我们一定要认清楚一点，凡是一个伟大的作家，真正好的作家，都是他的作品里有一种感发的力量，而且这种感发的力量还能有一种在艺术上完美的表达。

我们知道，杜甫的集大成是各方面的集大成。

师生共学

1. 教师指导。

叶嘉莹先生认为："如果以诗歌之平仄对偶的格律为鸟笼"，李白破坏了笼子；杜甫研究、摸透了笼子，然后对其进行了改造。这个比喻将"诗歌之平仄对偶的格律"作为本体，"鸟笼"作为喻体，形象生动地点出了这些格律本是一种束缚限制，但杜甫却把这些束缚限制把握、运用得很好，并在这些限制内进行变化，使自己看似受"鸟笼"束缚，实则在"鸟笼"中游刃有余，不但摆脱了束缚，还充分利用了"鸟笼"。叶嘉莹先生将李白打破"鸟笼"在笼外展翅高飞，和杜甫摸透"鸟笼"在笼内游刃有余进行对比，突出了杜甫的成就背后更多一份接受和变化。阅读时要体会这些在分析性语言中运用比喻、对比等修辞手法的妙处。从这一段的论述中，我们学到了比喻论证和对比论证这两个论证方法，感受到了它们形象生动的表达效果。

这篇文章的总论点是"杜甫是一位集大成的诗人"，为了更深入地阐明这一论点，作者采用了多个分论点从多个角度来进行了论证。文中用了多个分观点来支持此观点。文章先提出中心观点并进行总述，再从各个角度逐一阐释论证，提出分论点。分述部分围绕总述的中心进行，总述部分是分述的总纲，总分之间有紧密的内在联系，条理清晰，论证力度强，读者能快速而清晰地把握全文的内容。

2. 学生活动。

勾画出运用比喻论证和对比论证的句子并作简要分析；从文中找出表示杜甫是一位集大成的诗人的分论点的句子；体会这种总分写法的好处。

（二）拓展阅读

杜甫五古的艺术格局与杜诗"诗史"品质 ①

刘 宁

杜诗何以为"诗史"，宋代以下，说者纷纭，而其中有一种意见很可注意。宋人胡宗愈云："先生以诗鸣于唐，凡出处、动息劳佚、悲欢忧乐、忠愤感激、好贤恶恶，一见于诗，读之可以知其世。学士大夫，谓之'诗史'。"此论认为杜诗详于自述个体人生经历、抒发主体情志，而杜诗所以为"诗史"，在于读者可以从诗人的"一人之诗"了解"一代之史"。

个人化、主观性的"一人之诗"，何以能令读者从中见出公共化、客观性的"一代之史"？要实现"一人之诗"与"一代之史"的矛盾统一，无论诗人自述人生的方式，还是主体抒情的深度，都要达到某种特殊的要求。

孟子"知人论世"的核心含义乃是"论世以知人"，即通过了解作者所处的时代来了解作者的思想感情。

晚唐孟棨《本事诗》称杜甫"逢禄山之难，流离陇蜀，毕陈于诗，推见至

---

① 刘宁. 唐宋诗学与诗教. 北京：中国社会科学出版社，2012：139～142，144～145，147，151～154. 因篇幅所限，本文作了大幅删节，只保留有关的论点，原有段落格式可能被打破.

隐，殆无遗事，故当时号为'诗史'"。此说认为，杜甫之诗史，既源于对大历史的"推见至隐"，也来自对诗人个体小历史的"毕陈于诗"。

……时事和出处是"诗史"的两个支撑要素。

……"一代之史"的作品，所应具有的品质，即详于人生出处，对诗人个体的人生经历、交游都有详细的表现。……对诗人本身参与社会历史的深度还是有很高的要求。诗人不仅要经历丰富，而且在思想上要有深切的社会关怀，有深厚的主体情志。……只有"见事多、识理透"的诗人，其感慨寄托，才能成为"后人论世之资"。宋人认为杜诗深具美刺、比兴的寄托之旨意，而明清时期的论者，则进一步将美刺、比兴与史家之褒贬联系在一起。

杜甫之被奉为"诗史"的典范，一方面是因为他的一部分作品，的确体现了"善写时事"和"实录"的特点。

杜诗在详陈个体人生出处的基础上，展现了社会时代的广阔画卷，表达了诗人感时忧世之情怀，深入地开拓了以"一人之诗"表现"一代之史"的艺术可能。

对于杜诗精神气局与其"诗史"品质的联系，有关的论者多有论述。但另一方面，杜诗也在艺术上深入开拓了将个体人生经历与社会历史相联系的表现方式。

…………

杜甫对赠答体五古的热忱，与盛唐诗坛的普遍风气是一致的。而他对建安赠答诗的情感内涵有着更为深入的体会，在艺术上也胎息变化得更为深透。

其实杜甫所不屑为的是赠行之套语与模式化的抒情，而善于写具体之情事，有很强的情感交流之特征。

杜甫还深刻地继承了建安诗歌通过时事之悲来反衬知己情深的表现传统，他的赠答诗深刻地表现了安史之乱的社会动荡，而这一时事背景，烘托了诗人自己对知己的眷恋之情，如《赠卫八处士》就是最集中的体现。

杜甫五古对行旅体的继承十分深入，他最著名的两首长篇五古《自京赴奉先县咏怀五百字》《北征》都是出之以行旅体。在漂泊西南的后半生，他的五古更广泛地体现出"行旅体"的艺术影响。

"行旅"体作品，在表现道路艰辛、行旅漂泊中，贯穿了不同的精神旨趣，其一指向现实政治的失意……

"行旅"体的另一旨趣，则是着力表现远离故土的失落，进而从人生漂泊之悲引发离尘避世的愿望。

杜甫两首著名的长篇行旅体五古《自京赴奉先县咏怀五百字》和《北征》，都以回家为全诗行文之线索，诗人一步步走近他现实中的家园，但诗作最深切的痛苦则表现为《自京》中与皇帝咫尺天涯的无奈，以及《北征》中越来越远离朝廷的悲哀。这无疑体现出杜甫对以行旅来书写政治失意的表现传统的积极发扬。

他的《自京》和《北征》，不仅细致地刻画了道路艰辛，而且把忧念时事的慨叹书写得波澜起伏，从中深刻地揭示了"乾坤含疮痍"的社会状况。

杜甫漂泊西南时所写下的作品，把行旅体的这一传统，发挥得十分充分，他在入蜀道路上创作的二十四首纪行诗，细述道路艰险，刻画如绘。他也时时流露羁旅漂泊的失意。……《成都府》"自古有羁旅，我何苦哀伤"。"客子"、"客寓"也屡屡现之于笔端，这当然体现了对故乡的思念，但这种思念与对朝廷的眷恋、对时清世晏的政治期盼联系在一起，因此是政治失意的共鸣、忧念时事的深化，而并未导向厌倦尘网的离尘避世之叹。

行旅体中着重表现政治失意的传统，能更多地容纳个体人生经历、政治社会之内容，情感内涵也可以更细致……追求丰富中的深沉。

杜甫五古对行旅体的创变，则是将这种丰富中的深沉，作了极为充分的发挥。

赠答与行旅构成了杜甫五古最核心的题材，杜甫不仅偏爱这两类交流性强的题材，而且在创作中，将其交流性的内涵做了更充分的发挥，这使得诗人的自我表达，可以较多带有外向的、公共性的品质，从而令读者在诗人个体的人生经历、交游行旅之中，更多地读出时代和社会的内容。

如著名的《八衰诗》，刻画八位当世英杰……这些英杰，不仅是时贤，亦是故旧。杜甫命笔之间，多关合自身与之交游的经历感受。

五古只是杜甫诗歌的一部分，但这一部分作品，已经生动地体现了杜甫如何将个人的人生经历与天下之大历史相联系的努力。

杜诗之为"诗史"的艺术与史学渊源，从一个重要的角度，揭示了中国诗学与史学的丰富性，以及这两者在诗歌中的微妙联结。

师者助学

刘宁从杜甫五古的艺术格局入手分析了杜甫诗歌的"诗史"品质，立足诗歌史与思想史的内在联系，以更多元的视野，观察杜甫五古诗与其文化语境的互动，举例充分，分析透彻，用心体会这种写法的妙处。

（三）挑战阅读

闻一多先生是诗人，他的《唐诗杂论》是精彩之作，写杜甫没有干巴巴的解释，没有枯燥无味的评论，他是用诗歌一样的语言写出了杜甫的血肉和灵魂，字里行间对其充满敬意和崇拜。他不但将欣赏和考据融化得恰到好处，并且创造了一种诗样精粹的风格，读起来句句耐人寻味。闻一多先生以现代诗人的角度研究、赏析杜甫诗歌并对诗人进行独到分析和评论，给读者以崭新的视角，全新的赏析思路，令人读之思悦。阅读时用心体会这种写法的妙处。

杜甫 ①（节选）

闻一多

看不见祖宗的肖像，便将梦魂中迷离恍惚的，捕风捉影，摹拟出来，聊当瞻拜的对象——那也是没有办法的慰情的办法。我给诗人杜甫绘这幅小照，是不自量，是渎亵神圣，我都承认。因此工作开始了，马上又搁下了。一搁搁了三年，依然死不下心去，还要赓续，不为别的，只还是不奈何那一点"思其高曾，愿睹其景"的苦衷罢了。

像我这回捐起的工作，本来应该包括两层步骤，第一是分析，第二是综合。近来某某考证，某某研究，分析的工作做得不少了；关于杜甫，这类的工作，据我知道的却没有十分特出的成绩。我自己在这里偶尔虽有些零星的补充，但是，我承认，也不是什么大发现。我这次简直是跳过了第一步，来径直做第二步；这样做法，是不会有好结果的，自己也明白。好在这只是初稿，只要那"思其高曾，愿睹其景"的心情不变，永远那样的策励我，横竖以后还可以随时搜罗，随时拼补。目下我决不敢说，这是真正的杜甫，我只说是我个人想象中的"诗圣"。

当中一个雄壮的女子跳舞。四面围满了人山人海的看客。内中有一个四龄童子，许是骑在爸爸肩上，歪着小脖子，看那舞女的手脚和丈长的彩帛渐

---

① 闻一多．唐诗杂论．苏州：古吴轩出版社，2013：63～80.

渐摇起花来了，看着，看着，他也不觉眉飞目舞，仿佛很能领略其间的妙绪。他是从巩县特地赶到郾城来看跳舞的。这一回经验定给了他很深的印象。下面一段是他几十年后的回忆：

燿如羿射九日落，矫如群帝骖龙翔，来如雷霆收震怒，罢如江海凝清光。

舞女是当代名满天下的公孙大娘。四岁的看客后来便成为中国有史以来第一个大诗人，四千年文化中最庄严、最瑰丽、最永久的一道光彩。四岁时看的东西，过了五十多年，还能留下那样活跃的印象，公孙大娘的艺术之神妙，可以想见，然而小看客的感受力，也就非凡了。

杜甫，字子美；生于唐睿宗先天元年（七一二）；原籍襄阳，曾祖依艺作河南巩县县令，便在巩县住家了。子美幼时的事迹，我们不大知道。我们知道的，是他母亲死得早，他小时是寄养在姑母家里。他自小就多病。有一天可叫姑母为难了。儿子和侄儿都病着，据女巫说，要病好，病人非睡在东南角的床上不可；但是东南角的床铺只有一张，病人却有两个。老太太居然下了决心，把侄儿安顿在吉利的地方，叫自家的儿子填了侄儿的空子。想不到决心下了，结果就来了。子美长大了，听见老家人讲姑母如何让表兄给他替了死，他一辈子觉得对不起姑母。

早慧不算希奇；早慧的诗人尤其多着。只怕很少的诗人开笔开得像我们诗人那样有重大的意义。子美第一次破口歌颂的，不是什么凡物。这"七龄思即壮，开口咏凤凰"的小诗人，可以说，咏的便是他自己。禽族里再没有比凤凰善鸣的，诗国里也没有比杜甫更会唱的。凤凰是禽中之王，杜甫是诗中之圣，咏凤凰简直是诗人自占的预言。从此以后，他便常常以凤凰自比；（《凤凰台》《赤凤行》便是最明白的表示）这种比拟，从现今这开明的时代看去，倒有一种特别恰当的地方。因为谈论到这伟大的人格，伟大的天才，谁不感觉寻常文字的无效？不，无效的还不只文字，你只顾呕尽心血来悬拟，揣测，总归是隔膜，那超人的灵府中的秘密，他的心情，他的思路，像宇宙的谜语一样，决不是寻常的脑筋所能猜透的。你只懂得你能懂的东西；因此，谈到杜甫，只好拿不可思议的比不可思议的。凤凰你知道是神话，是子虚，是不可能。可是杜甫那伟大的人格，伟大的天才，你定神一想，可不是太伟大了，伟大得可疑吗？上下数千年没有第二个杜甫（李白有他的天才，没有他的人格），你敢信杜甫的存在绝对可靠吗？一切的神灵和类似神灵的人物都有人疑过，荷马有人疑过，莎士比亚有人疑过，杜甫失了被疑的资格，只因文献，史迹，种种不容抵赖的铁证，一五一十，都在我们手里。

子美自弱冠以后，直到老死，在四方奔波的时候多，安心求学的机会很少。若不是从小用过一番苦功，这诗人的学力哪得如此的雄厚？生在书香门第，家境即使贫寒，祖藏的书籍总还够他餍饫的。从七八岁到弱冠的期间中，我们想象子美的生活，最主要的，不外作诗，作赋，读书，写擘窠大字，……无论如何，闲游的日子总占少数。（从七岁以后，据他自称，四十年中做了一千多首诗文；一千多首作品是要时候作的。）并且多病的身体当不起剧烈的户外生活，读书学文便自然成了唯一的消遣。他的思想成熟得特别早，一半固由于天赋，一半大概也是孤僻的书斋生活酿成的。在书斋里，他自有他的世界。他的世界是时间构成的；沿着时间的航线，上下三四千年，来往的飞翔，他沿路看见的都是圣贤、豪杰、忠臣、孝子、骚人、逸士——都是魁梧奇伟、温馨凄艳的灵魂。久而久之，他定觉得那些庄严灿烂的姓名，和生人一般的实在，而且渐渐活现起来了，于是他看得见古人行动的姿态，听得到古人歌哭的声音。甚至他们还和他揖让周旋，上下议论；他成了他们其间的一员。于是他只觉得自己和寻常的少年不同，他几乎是历史中的人物，他和古人的关系比和今人的关系密切多了。他是在时间里，不是在空间里活着。他为什么不那样想呢？这些古人不是在他心灵里活动，血脉里运行吗？他的身体不是从这些古人的身体分泌出来的吗？是的，那政事、武功、学术震耀一时的儒将杜预便是他的十三世祖；那宣言"吾文章当得屈宋作衙官，吾笔当得王羲之北面"的著名诗人杜审言，便是他的祖父；他的叔父杜升是个为报父仇而杀身的十三岁的孝子；他的外祖母便是张说所称的那为监牢中的父亲"菲屦布衣，往来供馈，徒行悴色，伤动人伦"的孝女；他外祖母的兄弟，崔行芳，曾经要求给二哥代死，没有诏准，就同哥哥一起就刑了，当时称为"死悌"。你看他自己家里，同外家里，事业、文章、孝行、友爱，——立德、立功、立言的人物这样多；他翻开近代的史乘，等于翻开自己的家谱。这样读书，对于一个青年的身心，潜移默化的影响，定是不可限量的。难怪一般的少年，他瞧不上眼。他是一个贵族，不但在族望上，便论德行和智慧，他知道，也应该高人一等。所以他的朋友，除了书本里的古人，就是几个有文名的老前辈。要他同一般行辈相等的庸夫俗子混在一起，是办不到的。看看这一段文字，便可想见当时那不可一世的气概：

性豪业嗜酒，嫉恶怀刚肠；脱略小时辈，结交皆老苍；饮酣视八极，俗物皆茫茫。

子美所以有这种抱负，不但因为他的血缘足以使他自豪，也不仅仅是他不甘自暴自弃；这些都是片面的，次要的理由。最要紧的，是他对于自己的成功，如今确有把握了。崔尚、魏启心一般的老前辈都比他作班固、扬雄；他自己仿佛也觉得受之无愧。十四五岁的杜二，在翰墨场中，已经是一个角色了。

这时还有一件事也可以增长一个人的兴致。从小摆不脱病魔的纠缠，如今摆脱了。这件事竟许是最足令人开心的。因为毕竟从前那种幽闭的书斋生活不大自然，只因一个人缺欠了健康，身体失了自由，什么都没有办法。如今健康恢复了，有了办法，便尽量地追回以前的积欠，当然是不妨的，简直是应该的。譬如院子里那几棵枣树，长得比什么树都古怪，都有精神，枝子都那样剑拔弩张地挺着，仿佛全身都是劲。一个人如今身体强了，早起在院子里走走，往往也觉得浑身是劲，忽然看见它们那挑衅的样子，恨不得拣一棵抱上去，和它摔一跤，决个雌雄。但是想想那举动又未免太可笑了。最好是等八月来，枣子熟了，弟妹们只顾要枣子吃；枣子诚然好吃，但是当哥哥的，尤其身强力壮的哥哥，最得意的，不是吃枣子，是在那给弟妹们不断地供应枣子的任务。用竹篙子打枣子还不算本领。哥哥有本领上树，不信他可以试给他们看看。上树要上到最高的枝子，又得不让枣刺扎伤了手，脚得站稳了，还不许踩断了树枝；然后躲在绿叶里，一把把地洒下来；金黄色的，朱砂色的，红黄参半的枣子，花花刺刺地洒将下来，得让孩子们抢都抢不赢。上树的技术练高了，一天可以上十来次，棵棵树都要上到。最有趣的，是在树顶上站直了，往下一望，离天近，离地远，一切都在脚下，呼吸也轻快了，他忍不住大笑一声；那笑里有妙不可言的胜利的庄严和愉快。便是游戏，一个人的地位也要站得超越一点，才不愧是杜甫。

健康既经恢复了，年龄也渐渐大了，一个人不能老在家乡守着。他得看看世界。并且单为自己创作的前途打算，多少通都广邑，名山大川，也不得不瞻仰瞻仰。

大约在二十岁左右，诗人便开始了他的飘流的生活。三十五以前，是快意的游览（仍旧用他自己的比喻），便像羽翮初满的雏凤，乘着灵风，踏着彩云，往濛濛的长空飞去。他胁下只觉得一股轻松，到处有竹实，有醴泉，他的世界是清鲜，是自由，是无垠的希望，和薛雷的云雀一般，他是

An unbodied joy whose race is just begun.

三十五以后，风渐渐尖峭了，云渐渐恶毒了，铅铁的穹窿在他背上逼压着，太阳也不见了，他在风雨雷电中挣扎，血污的翎羽在空中缤纷地旋舞，他长号，他哀呼，唱得越急切，节奏越神奇，最后声嘶力竭，他卸下了生命，他的挫败是胜利的挫败，神圣的挫败。他死了，他在人类的记忆里永远留下了一道不可逼视的白光；他的音乐，或沉雄，或悲壮，或凄凉，或激越，永远、永远是在时间里颤动着。

子美第一次出游是到晋地的郇瑕（今山西猗氏县），在那边结交的人物，我们知道的，有韦之晋。此后，在三十五岁以前，曾有过两次大举的游历：第一次到吴越，第二次到齐赵。两度的游历，是诗人创作生活上最需要的两种精粹而丰富的滋养。在家乡，一切都是单调，平凡，青的天笼盖着黄的地，每隔几里路，绿杨藏着人家，白杨翳着坟地，分布得驿站似的呆板。土人的生活也和他们的背景一样的单调。我们到过中州的人都知道那是个什么样的去处；大概从唐朝到现在是不会有多少进步的。从那样的环境，一旦踏进山明水秀的江南，风流儒雅的江南，你可以想象他是怎样的惊喜。我们还记得当时和六朝，好比今天和昨日；南朝的金粉，王谢的风流，在那里当然还留着够鲜明的痕迹。江南本是六朝文学总汇的中枢，他读过鲍谢、江沈、阴何的诗，如今竟亲历他们歌哭的场所，他能不感动吗？何况重重叠叠的历史的舞台又在他眼前。剑池、虎丘、姑苏台、长洲苑、太伯的遗庙、阖闾的荒冢以及钱塘、剡溪、鉴湖、天姥——处处都是陈迹、名胜，处处都足以促醒他的回忆，触发他的诗怀。我们虽没有他当时纪游的作品。但是诗人的得意是可以猜到的。美中不足的只是到了姑苏，船也办好了，都没有浮着海。仿佛命数注定了今番只许他看到自然的秀丽，清新的面相；长洲的荷香，镜湖的凉意，和明眸皓齿的耶溪女……都是他今回的眼福；但是那瑰奇雄健的自然，须得等四五年后游齐赵时，才许他见面。

在叙述子美第二次出游以前，有一件事颇有可纪念的价值，虽则诗人自己并不介意。

唐代取士的方法分三种——生徒、贡举、制举。已经在京师各学馆，或州县各学校成业的诸生，送来尚书省受试的，名曰生徒；不从学校出身，而先在州县受试，及第了，到尚书省应试的，名曰贡举。以上两种是选士的常法。此外，每多少年，天子诏行一次，以举非常之士，便是制举。开元二十三年(七三六)子美游吴越回来，挟着那"气劇屈贾垒，目短曹刘墙"的气焰应贡举，县试成功了，在京兆尚书省一试，却失败了。结果没有别的，只是在够高的气焰上又加了一层气焰。功名的纸老虎如今被他戳穿了。果然，他想，真正的学问，真正的人才，是功名所不容的。也许这次下第，不但不能损毁，反足以抬高他的身价。可恨的许只是落第落在名职卑微的考功郎手里，未免叫人丧气。当时士林反对考功郎主试的风潮酝酿得一天比一天紧，在子美"忤下考功第"的明年，果然考功郎吃了举人的辱骂，朝廷从此便改用侍郎主试。

子美下第后八九年之间，是他平生最快意的一个时期，游历了许多名胜，结交了许多名流。可惜那期间是他命运中的朝曦，也是夕照，那几年的经历是射到他生命上的最始和最末的一道金辉；因为从那以后，世乱一天天地纷纭，诗人的生活一天天地潦倒，直到老死，永远闯不出悲哀、恐怖和绝望的环攻。但是末路的悲剧不忙提起，我们的笔墨不妨先在欢笑的时期多留连一会儿，虽则悲惨的下文早晚是要来的。

开元二十四五年之间，子美的父亲——闲——在兖州司马任上，子美去省亲，乘便游历了兖州、齐州一带的名胜，诗人的眼界于是更加开阔了。这地方和家乡平原既不同，和秀丽的吴越也两样。根据书卷里的知识，他常常想见泰山的伟大和庄严，但是真正的岱岳，那"造化钟灵秀，阴阳割昏晓"的奇观，他没有见过。这边的湍流、峻岭、丰草、长林都另有一种他最能了解，却不曾认识过的气魄。在这里看到的，是自然的最庄严的色相。惟有这边自然的气势和风度最合我们诗人的脾胃，因为所有磅礴郁结在他胸中的，自然已经在这景物中说出了；这里一丘一壑，一株树，一朵云，都能引起诗人的共鸣。他在这里勾留了多年，直变成了一个燕赵的健儿；慷慨悲歌、沉郁顿挫的杜甫，如今发现了他的自我。过路的人往往看见一行人马，带着弓箭旗枪，驾着雕鹰，牵着猎狗，望郊野奔去。内中头戴一顶银盔，脑后斗大一颗红缨，全身铠甲，跨在马上的，便是监门胄曹苏预(后来避讳改名源明)。在他左首并辔而行的，装束略微平常，双手横按着长槊，却也是英风爽爽的一个丈夫，便是诗人杜甫。两个少年后来成了极要好的朋友。这回同着打猎的经验，子美永远不能忘记，后来还供给了《壮游》诗一段有声有色的文字：

　　春歌丛台上，冬猎青丘旁；呼鹰皂枥林，逐兽云雪岗；

射飞曾纵鞚，引臂落鹜鸧。苏侯据鞍喜，忽如携葛强。

原来诗人也学得了一手好武艺！

这时的子美，是生命的焦点，正午的日曜，是力，是热，是锋棱，是夺目的光芒。他这时所咏的《房兵曹胡马》和《画鹰》恰好都是自身的写照。我们不能不腾出篇幅，把两首诗的全文录下。

胡马大宛名，锋棱瘦骨成。竹批双耳峻，风入四蹄轻；

所向无空阔，真堪托死生。骁腾有如此，万里可横行。

——（《房兵曹胡马》）

素练风霜起，苍鹰画作殊。㧐身思狡兔，侧目似愁胡。

绦镟光堪摘，轩楹势可呼。何当击凡鸟，毛血洒平芜！

——（《画鹰》）

这两首和稍早的一首《望岳》都是那时期里最重要的代表作品，实在也奠定了诗人全部创作的基础。诗人作风的倾向，似乎是专等这次游历来发现的；齐赵的山水，齐赵的生活，是几天的骄阳接二连三地逼成了诗人天才的成熟。

灵机既经触发了，弦音也已校准了，从此轻拢慢捻，或重挑急抹，信手弹去，都是绝调。艺术一天进步一天，名声也一天大一天。从齐赵回来，在东都（今洛阳）住了两三年，城南首阳山下的一座庄子，排场虽是简陋，门前却常留着达官贵人的车辙马迹。最有趣的是，那一天门前一阵车马的喧声，顿时老苍头跑进来报道贵人来了。子美倒屣出迎；一位道貌岸然的斑白老人向他深深一揖，自道是北海太守李邕，久慕诗人的大名，特地来登门求见。北海太守登门求见，与诗人相干吗？世俗的眼光看来，一个乡贡落第的穷书生家里来了这样一位阔客人，确乎是荣誉，是发迹的吉兆。但是诗人的眼光不同。他知道的李邕，是为追谥韦巨源事，两次驳议太常博士李处，和声援宋璟，弹劾谋反的张昌宗弟兄的名御史李邕——是碑版文字，散满天下，并且为要压倒燕国公的"大手笔"，几乎牺牲了性命的李邕——是重义轻财，卑躬下士的李邕。这样一位客人来登门求见，当然是诗人的荣誉；所以"李邕求识面"可以说是他生平最得意的一句诗。结识李邕在诗人生活中确乎要算一件有关系的事。李邕的交游极广，声名又大，说不定子美后来的许多朋友，例如李白、高适诸人，许是由李邕介绍的。

写到这里，我们该当品三通画角，发三通播鼓，然后提起笔来蘸饱了金墨，大书而特书。因为我们四千年的历史里，除了孔子见老子（假如他们是见过面的）没有比这两人的会面，更重大，更神圣，更可纪念的。我们再逼紧我们的想象，譬如说，青天里太阳和月亮走碰了头，那么，尘世上不知要焚起多少香案，不知有多少人要望天遥拜，说是皇天的祥瑞。如今李白和杜甫——诗中的两曜，劈面走来了，我们看去，不比那天空的异瑞一样的神奇，一样的有重大的意义吗？所以假如我们有法子追究，我们定要把两人行踪的线索，如何拐弯抹角时合时离，如何越走越近，终于两条路线会合交叉了——统统都记录下来。假如关于这件事，我们能发现到一些翔实的材料，那该是文学史里多么浪漫的一段掌故！可惜关于李杜初次的邂逅，我们知道的一成，不知道的九成。我们知道天宝三载三月，太白得罪了高力士，放出翰林院之后，到过洛阳一次。当时子美也在洛阳。两位诗人初次见面，至迟是在这个当儿。至于见面时的情形，在什么时候，什么地方，也许是李邕的筵席上，也许是洛阳城内一家酒店里，也许……但这都是可能范围里的猜想，真确的情形，恐怕是永远的秘密。

有一件事我们却拿得稳是可靠的。子美初见太白所得的印象，和当时一般人得的，正相吻合。司马子微一见他，称他"有仙风道骨，可与神游八极之表"；贺知章一见，便呼他作"天上谪仙人"，子美集中第一首《赠李白》诗，满纸都是企羡登真度此的话，假定那是第一次的邂逅，第一次的赠诗，那么，当时子美眼中的李十二，不过一个神采趣味与常人不同，有"仙风道骨"的人，一个可与"相期拾瑶草"的侣伴，诗人的李白没有在他脑中镌上什么印象。到第二次赠诗，说"未就丹砂愧葛洪"，回头就带着讥讽的语气问：

痛饮狂歌空度日，飞扬跋扈为谁雄？

依然没有谈到文字。约莫一年以后，第三次赠诗，文字谈到了，也只轻轻的两句"李侯有佳句，往往似阴铿"，不是什么了不得的恭维，可是学仙的话一概不提了。或许他们初见时，子美本就对于学仙有了兴味，所以一见了"谪仙人"，便引为同调；或许子美的学仙的观念完全是太白的影响。无论如何，子美当时确是做过那一段梦——虽则是很短的一段；说"苦无大药资，山林迹如埽"；说"未就丹砂愧葛洪"。起码是半真半假的心话。东都本是商贾贵族蜂集的大城，廛市的繁华，人心的机巧，种种城市生活的罪恶，我们明明知道，已经叫子美腻烦，厌恨了；再加上当时炼药求仙的风气正盛，诗人自己又正在富于理想的、如火如荼的浪漫的年华中——在这种情势之下，萌生了出世的观念，是必然的结果。只是杜甫和李白的秉性根本不同：李白的出世，是属于天性的，出世的根性深藏在他骨子里，出世的风神披露在他容貌上；杜甫的出世是环境机会造成的念头，是一时的愤慨。两人的性格根本是冲突的。太白笑"尧舜之事不足惊"，子美始终要"致君尧舜上"。因此两人起先虽觉得志同道合，后来子美的热狂冷了，便渐渐觉得不独自己起先的念头可笑，连太白的那种态度也可笑了；临了，念头完全抛弃，从此绝口不提了。到不提学仙的时候，才提到文字，也可见当初太白的诗不是不足以引起子美的倾心，实在是诗人的李白被仙人的李白掩盖了。

东都的生活果然是不能容忍了，天宝四载夏天，诗人便取道如今开封归德一带，来到济南。在这边，他的东道主，便是北海太守李邕。他们常时集会、宴饮、赋诗；集会的地点往往在历下亭和鹊湖边上的新亭。在座的都是本地的或外来的名士；内中我们知道的还有李邕的从孙李之芳员外和邑人蹇处士。竟许还有高适，有李白。

是年秋天太白确乎是在济南。当初他们两人是否同来的，我们不晓得；我们晓得他们此刻交情确是很亲密了，所谓"醉眠秋共被，携手日同行"，便是此时的情况。太白有一个朋友范十，是位隐士，住在城北的一个村子上。门前满是酸枣树，架上吊着碧绿的寒瓜，澹澹的白云镇天在古城上闲卧着——俨然是一个世外的桃源；主人又殷勤；太白常常带子美到这里喝酒谈天。星光隐约的瓜棚底下，他们往往谈到夜深人静，太白忽然对着星空出神，忽然谈起从前陈留采访使李彦如何答应他介绍给北海高天师学道箓，话说过了许久，如今李彦许早忘记了，他可是等得不耐烦了。子美听到那类的话，只是唯唯否否；直等话头转到时事上来，例如贵妃的骄奢，明皇的昏瞆，以及朝里朝外的种种险象，他的感慨才潮水般地涌来。两位诗人谈着话，叹着气，主人只顾忙着筛酒，或许他有意见不肯说出来，或许压根儿没有意见。

师者助学

闻一多先生研究、赏析杜甫及其诗歌的写法，值得我们借鉴的如下：

①内容角度：作者以现代诗人的角度研究、赏析杜甫及其诗歌，使文章内容带有诗歌内容的画面美，文中呈现了一幅幅生动逼真的画面，仿佛把我们带到了杜甫身边，见证着他的一切经历，体会着他的一切情感。

②语言特色角度：本文语言朴实中带着优美，形象生动，颇具文采。

③风格角度：本文一反研究性论文的风格，以"杂论"的方式出现，使研究带有诗歌、散文的特点，既生动形象，饶有趣味，又质朴平实，不落窠臼。

④表达效果角度：这篇文章读起来就像读诗读散文一样，优美生动，能形象具体地呈现杜甫的辉煌一生，画面感很强，有很强的感染力。

二、写作实践：表达真实个性

学习任务

1. 完成专题学习的论文。
2. 回顾专题学习的全过程，完成随笔的写作，抒写真实感受。
3. 创新成果呈现形式。

师生共学

（一）师生活动

研究论文是专题研究成果的一种书面形式，它以呈现自己的研究成果为主要写作动机，因而内容也主要是研究成果的展示，且主要用研究论文的形式来呈现。

一篇完整的论文包括标题、作者、单位（班级小组）、内容摘要、关键词、引言、正文、参考文献等组成部分。

内容摘要是指对本论文主要内容的介绍，一般包括研究目的、方法、结论等；关键词是指能概括本论文主要内容的关键字词；引言起引导作用，相当于一篇文章的引言，主要是阐述写作动机、意图、目的，激发读者兴趣的内容；正文则是对研究结论进行的全面、详细的阐释和论述。除了以上部分外，还应当在研究论文中说明自己的研究视角和研究的主要内容。

研究视角是指研究的角度。例如，以杜甫流亡时期的诗歌为切入口，从流亡经历对其诗歌创作的影响角度进行研究，这就是一种研究视角。研究的主要内容是对围绕选题而展开的一些子问题的归纳概括，它因各组选题不同而各异，但都要围绕主题清晰简明地展开。例如，选题是"安史之乱前后杜诗风格的变化"的小组，其研究的主要内容可以分为：（1）早年的杜甫及其诗歌风格和思想。（2）安史之乱时期杜甫的经历及其诗歌风格的转变。（3）安史之乱前后杜诗风格比较及风格转变原因。

（二）师生共评

下面是一篇学生习作，括号内是老师作的点评。仔细琢磨，在文后写出自己的感悟。

论流亡经历对杜甫后期诗歌创作的影响

天宝十一年（752）十一月，安史之乱爆发了，国家陷于动乱之中，杜甫带着家小由奉先前往白水。756年，潼关失守，白水也沦陷了，杜甫在动荡的局势转变中开始了流亡生活。乾元二年（759）秋，杜甫弃官流亡，开始经历一段漫长的颠沛流离的生活。从此其诗歌数量猛增，成绩卓著，对后世的影响也愈加深远。流亡时期，杜甫客居他乡，漂泊无依，理想破灭，仕途失意，生活困顿，却饱览陇蜀道上奇险的自然风景，这些都是他后期诗歌内容的主要来源，并促使其后期诗歌形成了"沉郁顿挫"的风格，成就了一代"诗圣"的伟绩。

（教师建议：应对流亡经历及期间的诗歌创作做概述。）

1. 流亡经历对杜甫后期诗歌内容和情感的影响

流亡时期，生活困境让他对现实有了更深刻的认识，内心感慨万千，其诗歌的内容和情感也较之前期有了明显的变化，他将自己的见闻和心中的情感融进了诗歌里。可以说，流亡时期的生活、见闻感受和内心情感就是他后期诗歌的主要内容。例如，他写于阆州的《王命》，"深怀喻蜀意，恸哭望王宫"，以及《征夫》中"漂梗无安地，衔枚有荷戈。官军未通蜀，吾道竟如何"都写到了一个身处战乱之中流寓不定、走投无路的流亡者，但这个流亡者的经历又何尝不是杜甫自身的经历呢？杜甫在梓州创作的《岁暮》更是生动地描写了自己当时的困境："岁暮远为客，边隅还用兵。烟尘犯雪岭，鼓角动江城。天地日流血，朝廷谁请缨？济时敢爱死，寂寞壮心惊。"诗歌描写了杜甫漂泊无依但仍愤恨于无人为朝廷出力的景况，并抒发了决心以死来报效朝廷的忠贞情怀。这是流亡时期杜甫内心真实情感的流露，是何等伟大的情怀啊！

　　杜甫流亡时期的诗歌主要表达了对国家前途、民族命运的忧虑，对百姓疾苦的同情，对家乡的思念，和壮志未酬的悲愤。（教师建议："壮志未酬的悲愤"在下面的诗歌中并无明显体现，注意观点与材料的对应。）760 年 8 月，在成都漂泊的杜甫写下了脍炙人口的《茅屋为秋风所破歌》，"八月秋高风怒号，卷我屋上三重茅。茅飞渡江洒江郊，高者挂罥长林梢，下者飘转沉塘坳……布衾多年冷似铁，骄儿恶卧踏里裂。床头屋漏无干处，雨脚如麻未断绝"，诗中描写的艰难的生活环境让人惊讶，也让人痛心，诗中所抒发的"安得广厦千万间，大庇天下寒士俱欢颜"的宏愿更让我们看到了杜甫的伟大，看到了杜甫忧国忧民的炽热情感以及迫切要求变革黑暗现实的崇高理想。（教师点评：杜甫在 759 年末就到达成都并在数月内定居，"760 年 8 月在成都漂泊"这种说法是否严谨？此外，上述诗句和"流亡"的关系在哪里，应注意点出。）同年，杜甫在成都西郊的草堂定居下来，（教师提示：事实上是先定居，后有了《茅屋为秋风所破歌》，这几句的顺序会使人产生误解。）经过了长年颠沛流离生活的他总算得到了一个憩息之处，这使他感到欣慰。然而国家残破、生灵涂炭的现实，却时时在撞击他的心灵，使他无法宁静，于是他作了《野老》来表达自己内心的情感，"长路关心悲剑阁，片云何意傍琴台？王师未报收东郡，城阙秋生画角哀"。同样是在 760 年，杜甫在成都还写下了一首七言律诗——《别恨》（教师点评：应为《恨别》）："洛城一别四千里，胡骑长驱五六年。草木变衰行剑外，兵革阻绝老江边……闻道河阳近乘胜，司徒急为破幽燕。"本诗抒发了他流落他乡的感慨以及对故园、骨肉的怀念，表达了希望早日平定叛乱的爱国之情，情真语挚，沉郁顿挫。（教师点评：下文在论述诗歌风格时才会专门诠释"沉郁顿挫"这个概念，所以在这里不宜出现这个词。）

　　总之，"诗言志"，流亡时期的艰难生活给了杜甫更深刻的思想认识和复杂沉痛的情感，这是杜甫后期诗歌的主要内容和情感。所以，我认为，后期的流亡生活从内容和情感方面影响了杜甫诗歌的创作。（教师点评：这一部分需要分条阐述，每一条由要点概述和具体阐述、实例举证组成；各条之间的逻辑顺序要清晰，例证要翔实。）

　　2. 流亡经历对杜甫后期诗歌风格的影响

　　在安史之乱前，杜甫年轻气盛，意气风发，想要施展抱负，其诗也充满活力与朝气，富有积极进取的精神……但是由于唐朝由盛转衰，杜甫的诗歌逐渐形成"沉郁顿挫"的风格。"沉郁"是其感情的悲慨、深厚、沉重。"顿挫"主要是指诗歌表情达意抑扬跌宕，音调起伏变化。我们这里着重研究"沉郁"。杜甫年轻时曾经写下千古名篇《望岳》，"……荡胸生层云，决眦入归鸟。会当凌绝顶，一览众山小"，这首诗意境开阔，气势雄伟，让我们感受到了他远大的抱负。《房兵曹胡马》中"骁腾有如此，万里可横行"也向我们展示了杜甫青年时期的年轻气盛，满腔豪气。然而战争的爆发，使国家动荡不安，杜甫不得不开始流亡生活。这一时期，杜甫的诗歌大多表现了期盼统一的愿望。例如，德元年（教师点评：应为"至德元年"，唐肃宗李亨的年号）(756)杜甫创作了《春望》："国破山河在，城春草木深。感时花溅泪，恨别鸟惊心。烽火连三月，家书抵万金。白头搔更短，浑欲不胜簪。"这首诗表现了他身处战乱之中，内心极其悲愤，对国家和人民十分担忧，对和平充满渴望，感情何其深沉。766年，杜甫创作了《负薪行》，这首诗以劳动妇女的贫苦作为题材并寄以深深的同情，这在古典诗歌史上是很少见的。（教师点评：过于绝对，其实并不算少见）"若道巫山女粗丑，何得此有昭君村？"，杜甫对底层百姓的感情是很深厚的。在安史之乱结束后的第四年，地方军阀又乘势而起，互相争夺地盘，百姓仍然生活在水深火热中，杜甫自己也极度困苦潦倒。于是在唐代宗大历二年(767)秋，杜甫创作了《登高》："……无边落木萧萧下，不尽长江滚滚来。万里悲秋常作客，百年多病独登台。艰难苦恨繁霜鬓，潦倒新停浊酒杯。"这首诗被认为是"杜甫诗歌中最能表现大气盘旋，悲凉沉郁之作"，它集各种悲痛于一体。诗人饱尝艰难潦倒之苦，国难家愁使他白发日添，再加上因病断酒，别愁就更加难以排遣了，无限悲凉之意，溢于言表。其感情悲痛深沉，风格"沉郁顿挫"，被后人推崇为"古今七言律第一"。

杜甫后期的诗作，大多都给人苍凉悲痛之感，"沉郁顿挫"是其后期诗风，可以肯定地说，后期的流亡经历对杜甫后期诗风的形成有很大影响。

（教师建议：如果重点分析"沉郁"，建议将流亡经历与风格一一对应，分条逐一阐述；流亡经历带来的思想变化是杜诗风格改变的根本原因，所以建议加入这一时期杜甫思想的变化。）

3. 杜甫流亡时期诗歌的价值、意义

杜甫一生创作颇丰，但有不少人认为，他后期的作品价值最大，意义非凡，影响深远，因为后期作品除了具有很高的文学价值外，还深刻地反映了那段历史的真实面貌，为后人了解、研究那段历史提供了宝贵的资料，具有重要的历史价值。

可以说，杜甫能被人们尊为"诗圣"，其诗歌能被誉为"诗史"，那段流亡经历有不可磨灭的功劳，是它成就了杜甫及其诗歌的辉煌。

（教师点评：这一点太过简略、泛泛，缺乏论述的严谨性、科学性，建议分条阐述具体的价值和意义。）

4. 本次专题学习的反思与总结

通过这次杜甫专题的研究性学习，我更加了解了流亡经历对杜甫其人其诗的重要影响，更加明白他的"忧国忧民"情怀。他将自己的情感倾注在诗歌里，感人至深，流传千古。生活的磨炼并未使他自暴自弃，他心系天下志士与百姓，"吾庐独破受冻死亦足"，这种精神令我更加敬佩。希望我们的专题研究能让大家更深刻地看到流亡时期杜甫其人其诗的变化与成就，能真正感受到一代"诗圣"的伟大。

本次专题学习我们顺利地完成了各环节的任务，感谢老师及时给予我们指导和帮助，感谢组员们的团结合作、共同努力。回顾整个学习过程，我们还有很多不足之处有待改善，希望以后的专题学习我们做得更好！（教师点评：反思不等于读后感，应写出具体写出哪些经验和不足。）

（教师总评：全文有些诗名、年代、年号有误，都已指出，应严谨；注意"论从史出"，一些想当然的判断应避免。此外，还应参考相关论著，列出参考书目和引述的出处。）

同伴分享

杜甫矛盾思想形成的原因

胡楚霄

摘要： 本文对杜甫矛盾思想进行分析，找出相关的诗文中所表现出的杜甫的矛盾思想，结合杜甫的生平、经历、家庭背景等进行研究，归纳了他的矛盾思想形成的原因。

关键词： 杜甫　矛盾思想　形成原因

"李杜诗篇万口传"，李杜的诗影响了无数人。作为诗坛顶尖人物的杜甫，他的思想必然是值得研究的。我们所好奇的是杜甫那矛盾的思想到底是怎么形成的呢？

研究杜甫诗歌，了解杜甫其人，而后会发现，其实在杜甫一生中，他的思想是不断变化的，但大多是纠结、矛盾的。这些复杂的思想是杜甫的创作源泉，也映射出了杜甫的人生理想。所以，要想深刻理解、探索杜甫的矛盾思想的形成原因，我们首先得明确杜甫最主要的矛盾思想：一方面，同情、担忧人民，不满并指责朝廷；另一方面，即使对朝廷有不满，但依然寄希望于朝廷，并支持朝廷的工作。

从杜甫的"三吏"、"三别"中可以看见，杜甫既同情征战中备受分别之苦、丧家之痛的百姓，指责朝廷昏庸无能，又在安慰百姓时，表示征丁也是为了国家的稳定和平，并支持朝廷的这种行为。"况乃王师顺，抚养甚分明"，杜甫主要的矛盾思想在其中得到了集中的体现，也让世人见识到了杜甫的痛苦心理。《丽人行》《自京赴奉先县咏怀五百字》中杜甫对玄宗时期奸臣掌权的腐败风气，对杨氏兄妹奢侈荒淫的生活进行了尖锐的讽刺。安史之乱时，他时刻注视着时局的变化发展，密切关注国家命运，在此期间他写了两篇文章：《为华州郭使君进灭残冠形势图状》和《乾元元年华州试进士策问五首》，为剿灭安史叛军献策，并考虑如何减轻人民的负担，表现出自己对政府的期许与维护态度。如此多的诗文同我们呈现了杜甫的种种思想与情感，或愤怒，或同情，从中我们挖掘到了杜甫的矛盾思想的成因，得出的结论大概如下：

（一）矛盾思想的第一方面——同情、担忧人民，不满并指责朝廷。其原因有以下几个方面。

（1）奸臣掌权。天宝六年(747)，玄宗诏天下"通一艺者"到长安应试，杜甫也参加了考试。由于权相李林甫编导了一场"野无遗贤"的闹剧，参加考试的士子全部落选。这让杜甫相当愤懑，但当时只是敢怒不敢言。直到李林甫死后多年，杜甫才敢在诗中大肆宣泄当年的郁闷气愤之情。由此可见这次落榜让杜甫对官宦阶级产生了一定的不满，也对他的思想有所影响。

（2）政府腐朽。统治阶层大都是昏庸顽固之辈，而玄宗又沉迷于歌舞酒色，被看似太平富足的表象迷惑着，无心过问朝政，就算过问一下也被奸臣哄骗蒙蔽过去。而贵族阶级对文人贤士也并不看重，最多是留下贤士们取乐，使得一直寄希望于能被这些官宦贵族赏识并举荐的杜甫很是失望，怀才不遇感甚是强烈。因此加速了杜甫矛盾思想的形成。这是他在安史之乱前期形成的思想雏形。

（3）亲身经历。在留守长安十年后，杜甫在回奉先县途中亲耳听闻杨氏的奢华浪费，心中感慨、愤懑，又看见身边和自己一样甚至更穷困的人民，在饥寒中挣扎，产生了深刻的同情。在安史之乱爆发时，杜甫一直漂泊不定，生活穷困潦倒。乾元元年(758)年底，杜甫暂离华州，到洛阳、偃师(均在今河南省)探亲。第二年三月，唐军与安史叛军的邺城之战爆发，唐军大败。杜甫从洛阳返回华州的途中，见到战乱给百姓带来的无穷灾难和人民忍辱负重参军参战的爱国行为，感慨万千，便奋笔创作了不朽的史诗——"三吏和三别"。这段经历既让他对政治心寒，又让他看清了现状，所以杜甫更加忧民忧君。

(4)生活环境。杜甫生活的年代，多战，多难。在玄宗时期贫富差距极大，一方面，杨氏兄妹的生活荒淫奢华，统治阶级腐败黑暗，另一方面，为了满足皇宫贵族们的欲望，赋税愈来愈重，本已困苦不堪的百姓生活雪上加霜。百姓饱受压迫与饥饿之苦，上层社会却根本没有意识到此时的国家危机重重，依然歌舞升平。到安史之乱时，更是民不聊生，征战，苛税，生离死别接踵而至。战争是有"仁政爱民"的儒家思想的知识分子最厌恶的东西，这样的生活环境对杜甫的思想当然是有很大影响的。

(二)矛盾思想的另一方面——即使对朝廷有不满，但依然寄希望于朝廷，并支持朝廷工作。其原因有以下几点。

(1)家庭影响。杜甫出身于京兆杜氏，是北方的大士族。其远祖为汉武帝时有名的酷吏杜周，祖父杜审言。杜甫青少年时因家庭环境优越，因此过着较为安定富足的生活。这样的家庭，定然拥护朝廷，也必然会对杜甫从小就有着潜移默化的影响。

(2)地位不高。因为国家摇摇欲坠，杜甫又是满腔抱负与热血，可是光凭他一个人的呼喊定然反响很小，这使杜甫明白权力与地位的重要性，所以杜甫期待得到官职，得到权力来改变社会现状，实现自己的理想、抱负。就算做不成官，他也要鼓励民众支持朝廷的正确命令。

(3)经济上的困难。经济上的困难使得杜甫想要帮助穷苦人民却无能为力，他的著名诗句就可证明："安得广厦千万间，大庇天下寒士俱欢颜。"经济上的支持的确是能帮上大忙的，只有朝廷才能提供这些保障，所以他支持政府。

(4)国难当头。安史之乱，狼烟四起，这时候需要朝廷的组织和带领来团结力量，保卫家园。此时就算民不聊生，也应该支持朝廷，因为他明白有国才有家，所以这让杜甫矛盾思想的第二方面形成了。

综上所述，杜甫主要矛盾思想的形成原因是多方面的，概括地讲是：奸臣掌权，政府腐朽，亲身经历，生活环境，家庭影响，经济上的困难，地位不高，国难当头。矛盾的思想也许会相互掣肘，但它却体现人类思想的深度，杜甫的矛盾思想就是这种值得大家深入探究的思想。

4 专题评价

一、专题回顾

(一)创新实践

撰写一副对联,表达自己对杜甫或者杜甫诗歌的评价,或者用文字为杜甫画像。

(二)分类梳理

本专题六个课段,学习了杜甫不同阶段的多首诗歌,请按照下面阶段划分整理这些诗歌,把你所精读的诗歌题目写下来。

1. 长安十年的诗歌

2. 流亡阶段的诗歌

3. 侍奉皇帝走向人民阶段的诗歌

4. 成都草堂阶段的诗歌

5. 其他时期的诗歌

(三)思维导图(选做)

1. 下面是一些关于杜甫的词或短语,请按你的想法选择词或短语,填写思维导图。

安定富足 对仗工整 年少优游 政治黑暗 仕途不顺 新乐府诗 战乱流离 仕途失意 江舟长逝 浪漫主义 现实主义 奉儒守官 雄心壮志 沉郁顿挫 企望入仕 忧国忧民 建筑美 讲究炼字 社会动荡 人民疾苦 西南漂泊 古体 独特 广泛 严谨 律诗

2. 请结合你自己的思维导图,向身边的同学介绍杜甫。

二、师生反思

1. 请同学们完成下面的表格，用"√"给自己一个评价

表4　阅读效果自我评价表

知识点	自我评价			
	不知道	知道一点	知道但模糊	知道较多
杜甫生平				
杜甫思想				
杜甫诗歌价值				
杜甫诗歌的语言特点				
杜甫诗歌内容				
学后疑问				

2. 学生对研究活动的反思

这次研究，首先让我领会如何判断筛选问题。从刚开始在课本上提出各种问题，质疑，接着试着提炼筛选有用的、有价值的问题，再判断那些铺天盖地的问题是否值得研究，是否可以作为研究专题，我的判断能力得到了提高。原来每一问题在研究它时先得判定它的价值，而不是盲目地去谋求解答。自己以前的一些观念受到一定程度的颠覆。

再者，我学习到了如何分析自己所研究的问题，如何把一个问题化成小问题，从点入手，最后再突破大的问题。我发现要想把大问题分成小问题，就得从多个角度，多个方面看待这个大问题。这样形成的小问题才会丰富而且全面。我也从其他组得到经验，对于一个偏僻的问题，或是一个覆盖面大、笼统的问题，应该找寻特例，并从此深入研究。

接着是在研究的过程中，要查找大量的文献、资料，此时团队的合作力量就展现出来了，需要具体细致的分工。如何在海量的资料中辨别出有益于自己研究问题的信息，又如何从挑出的资料中分析出表现研究主体的信息

等，在对这些问题的思考中我潜移默化地训练了分析、判断、合作的能力。

最后是研究成果的交流，使我意识到交流中幻灯片所需包含的内容，应该有本次研究的题目、研究过程（包括图片）、研究的结论。最好言简意赅，交流者对资料应该十分熟悉，并做好充分准备。

3. 教师回顾

在专题学习之前，同学们对专题学习一无所知。师生从精读杜甫诗作入手，一边读一边质疑，先明白专题学习中什么样的问题才是有效问题，如何将有效问题转化成研究的题目，再进一步作深入的独立阅读，自主组成研究学习小组，共同阅读、研究杜甫诗歌。这个过程曲折、困难重重，同学们克服了困难，解决了疑惑，找到了自己研究题目的答案，还将这些收获进行展示、交流、分享，最后形成文章。

以下是专题学习开始前品教团队的教师们交流的场面。

刘清华老师问："专题阅读，有没有一个范本呢?"丘小云老师回答："没有，但是一定要体现'语文联系生活，自主提升能力，语言和思维思想共生'的语文教育理念。遵循循序渐进的教育规律。"

丘老师又在群里说："这次设计的问题很有创新味。"欧苡老师回复："都要被逼疯了，晚上做梦都梦到在改阅读设计。"丘老师："我也是，有一次半夜两点钟怎么也睡不着。索性起来写教案，写到三点半又去睡。真是'夜深梦中惊坐起，我的专题没写完'。"

丘小云教育工作室12位老师就是这样引领10个学校的学生开展杜甫专题学习的。于是就有了前文的六个课段。

4. 家长的反馈

杨新一同学的家长说："孩子从高一开始杜甫专题学习，孩子开始走出校门到杜甫草堂参观，开始主动上网或去书店查阅关于杜甫的研究资料，写一些看似还很稚嫩的研究论文。我甚至欣慰地看到孩子在寒假的时候，去草堂'仰止堂'围绕杜甫其人其事侃侃而谈。看到孩子不再拘泥于学习那几本有限的教材，看到孩子通过广泛阅读杜甫的诗作以及评论性文章，不断地形成自己的深刻认识，作为家长，我感到欣慰。孩子不再人云亦云，也能成为某一方面的'专家'。孩子会和我分享杜甫的'温情'，孩子会对我评点杜甫的'矛盾纠结'。很高兴，孩子一天天成为一个有思想的人。"

西南交大附中高2013级罗嘉明同学的家长说："嘉明提出要我带他去杜

甫草堂时，我很诧异，诧异于嘉明会对杜甫产生了浓厚的兴趣。后来我才知道，嘉明在和同学们一起进行感受诗圣光辉的专题学习。不知不觉中，嘉明积累了很多杜甫的诗作；不知不觉中，了解了关于杜甫的很多历史；不知不觉中，会时不时地冒出几句关于杜甫的让我叹服的评价。一切似乎都是在不知不觉中发生的变化，而就是在这些点滴变化中，我看到了嘉明的成长。"

5. 工作室的教师们的反思

专题学习自主选择研究方向，实现了学习材料从"教材"到"更广泛的阅读材料"的延伸；自主选择研究方向，符合"学习必须建立在兴趣之上"的学习要求。同学们分享他人对杜甫的评论，从"接受他人观点"到"批判性筛选他人观点"，最后到"形成自己观点"，实现了思维的成长，逐渐在心中形成了一个"立体"的杜甫。同学们温故知新，结合实地考察，以已有知识为基础构建了新的知识网络。实地考察让学生的学习进入到一个更广阔的天地，体现了"生活处处是语文"的大语文观。选择具有挑战性的杜甫诗篇进行阅读，使同学们看到了一个充满"人情味"的杜甫，一个"矛盾而纠结"的杜甫，一个"兼济天下"的杜甫。同学们和老师共同沐浴在"诗圣的光辉"之中。（西南交通大学附属中学 欧苾）

经历过一轮专题学习，我突然意识到，所谓的"比较阅读"，并不是21世纪才被创造的新鲜方式，它的来历，应该追溯到《论语》里所说的"举一隅，不以三隅反，则不复也"。举一反三也好，比较阅读也好，都是帮助学生建立联想思维。我们的大部分学生，学习时看这山是这山，看此水是此水，不知见这山可思那山，见此水堪比那水。学习如果没有一种主动的迁移，就失去了源头的活水，最终将走向死胡同。这次专题学习，不仅打开了学生的思路，也启迪了我自己。而且，对于成都来说，杜甫是一个不容忽视的"贵客"，相信学生经过这一轮学习，对本土文化也会增加兴趣，对中国古代诗歌，也应该多了些更系统的理解和感悟。（成都市人民北路中学 朱莉）

三、学生成果

月夜记子美

吴馨怡

月夜闲来游草堂，竹林忽见一老翁。
穷愁潦倒志不灭，沉郁顿挫诗悲恸。
既愤酒肉朱门里，又痛白骨衬墙红。
敢问老翁何处去？盛世欢颜一梦中。

咏杜少陵

王朝鑫

身随孤帆任周流，飘飘还似江上鸥。
愿倾葵藿性莫改，思致尧舜心何求。
眼枯他时复泪泪，吾道自信长悠悠。
锦水波涛诗史在，业追宣父制《春秋》。

文字画像

——我心目中的杜甫形象

刘冬梅

巍峨青山，滚滚长江。年少的杜子美一身素白，衣冠楚楚，高高束起的黑发，充斥着凌然盛气的眉宇，令人过目不忘，他的嘴角时常是微微上扬。携一把黑色羽扇，配一块鹅白玉环，他健步如飞，向山的最高峰走去。

细雨蒙蒙，透骨凉意。冷雨沾湿了他的粗布衣裳，这位骨瘦嶙峋的千古诗圣已到不惑之年，雨水如麻犹不歇，草屋不避寒，他土黄的脸上满带愁容，掩藏着郁郁情思。高高的个子与裹着一层皱纹的身躯负载着如深渊般的沉重，走一步便是一轮残阳落山。他时常抿紧干涩发白的嘴唇，可怜稀疏的白发如蓬蒿般凌乱。瘦长而粗糙的手指，颤巍巍地握笔行书。老年的他视力已远不如当年，略小的双眸上蒙上了一层灰白，在高高的颧骨的映衬下显得愈发渺小。"白头搔更短，浑欲不胜簪"，他声音浑厚低沉，嘴里念念有词，抑扬顿挫，写到情至深处往往拍案痛哭，拍得手掌淤青。粗布短衣，面黄肌瘦，步履缓缓，他蜷缩着干枯的身躯，走向纷飞的枯叶中……

秋风里的杜甫

胡　欣

秋风一吹，杜甫的胡须就落了。

一

在历代文人心中，杜甫赢得"诗圣"的称号有一半是因为他诗歌里的入世精神——现实主义爱国诗人的标签就决定了他的弧度。

有人评杜甫的诗："大抵哀元元之穷，愤盗贼之横。"杜甫的诗，内容贴近民生，人称"诗圣"。他自号少陵野老，在我们的错觉中他似乎从未年轻过，是一位在秋风中忧国忧民忧天下的老人；他自称"江汉一腐儒"，我们也认为他的诗句在有慈悲中又有老辣深刻。

曾经裘马轻狂，飞鹰走狗，毛血洒平芜，万里可横行。锐气，进取，拔剑欲高歌，杜甫的青年时期也是这般美好葱郁。但科场失意，使他穷困潦倒。安史之乱时期的流亡使他将悲悯的目光转向人民。他乡遇故知，他含蓄说出"正是江南好风景，落花时节又逢君"；忧心国事的他一生的确"万里悲秋常作客，百年多病独登台"。他有"致君尧舜上，再使风俗淳"的夙愿。这便是"儒者"的理想主义了，带有忧伤的情调。

安史之乱后黑暗的唐朝社会，一个无月的黑夜，杜甫忧心如焚，辗转反侧，彻夜无眠。突然，窗外那黑黝黝的山嘴里，吐出了一轮晶莹的明月。"四更山吐月，残夜水明楼。"诗人的心境转悲为喜，充满对天意的感动。他深沉的目光转向时代，于最深的绝望中望见最美的风景。

可见杜甫易感纤细的诗心，沉郁顿挫的诗句绝不是无病呻吟，而是一种悲悯天下的博爱。他的悲喜都来自对生活的体验。成为时代的呼吸，传达那个时代的病痛与恐惧。他一路绊倒在人生和时代的障碍上，一双麻鞋丈量生命的深浅；他在荒村里忍受饥肠，跌跌撞撞体会摔倒在石头上真实的疼痛。

二

在中国诗史上杜甫赢得"诗圣"的桂冠却有一半因为他在诗歌语言上的

严整。

杜甫曾告诫儿子"诗是吾家事"。他将一生的心思都化作诗篇，他的反复长吟则是自觉地造句作诗，力透纸背的沉郁仿佛拈针绣花。

"名岂文章著，官应老病休。"我的名声只是凭诗句得来？我的抱负岂是诗句可以道尽？一"岂"一"应"，是诗人的委屈与愤懑。"危樯夜舟""天地一沙鸥""独"呼应"一"，宇宙广阔与个人渺小产生生命永恒的消逝，是诗人无法安慰的失落孤寂。"香稻啄余鹦鹉粒，碧梧栖老凤凰枝"空忆长安，豪情与诗意。读起来有些不自在，不禁想调换语序——鹦鹉啄余香稻粒，凤凰栖老碧梧枝。诗人想望长安的香稻碧梧，而不是鹦鹉凤凰，大概也有部分原因是为了严格呼应"秋兴"的题目。

他对于句法、字法、声律都苦苦琢磨，对仗工整，感觉还未用力却已无懈可击，无懈可击的严整仿佛带着镣铐舞蹈。锤炼谨严，沉郁顿挫，"诗圣"不只是诗的文好，他将诗史的传统不断延长发展，将传统诗歌的语言技巧变新更异——所以宋人说"子美集开新世界"。

"一切文字，余爱以血书者。"

词气磊落，傲睨宇宙。所谓血书者，只因他在百炼千锤间，敢于叹一句民生凋敝，寸土荒。诗中有血、有泪、有药，可自救，亦可救人。诗风的沉郁掩盖不了诗心的健朗，踏破麻鞋，丈量生命的深浅；行走于兵燹，不断吟唱人间的哀歌。

内容丰富多样且富有仁爱之心，形式上则是将格律诗达到了完美的顶峰。这样的现实主义爱国诗人，我们称他，"诗圣"。

梦回草堂

李 露

蓉城西，浣花畔，溪水潺潺，竹影绰绰，柴门虚掩，草堂独立。

"背郭堂成荫白茅，缘江路熟俯青郊。"漂泊多年的疲弱之躯在这里找到了轻柔的抚慰，喧嚣不甘的激荡之魂在这里得到渐缓的沉淀。这座因"杜甫"名号而熠熠生辉的草堂，让杜甫度过了人生中最和美的时光，它也见证了杜甫的一段人生。今夜就让我们撑一支长篙，向居于青草更青处的"草堂"漫溯。

寻着杜甫蹒跚走向"草堂"的路，我们看到的是他扰攘劳顿的身影，看到的是干戈纷乱的背景，看到的是把个人抱负碾碎成渣和入泥，苟全性命心系君王亦忧民的杜甫。可有谁曾想到——

这是一位出身于书香门第，成长于儒家教诲之中的有志之人。青年时，他曾经立于泰山之巅，气势磅礴地高歌一曲："会当凌绝顶，一览众山小。"那一年，在漫漫漂泊之路中，杜甫遇到了知音李白。"诗意的栖息"恐怕也无非如此，当"诗圣"遇到了"诗仙"，他们痛饮狂歌，欣喜若狂，只叹生命匆匆，再美的情缘也将擦肩而过。中年时，风云突变，他的目光转向了"朱门酒肉臭，路有冻死骨"的残酷现实。伴随着社会中黑暗的裂痕越来越大，心系国家的杜甫不禁发出了"感时花溅泪，恨别鸟惊心"的悲叹。

"身处乱世空自哀"，冥冥之中，唯有那远在西南一隅的"世外桃源"仿佛在召唤他。

听，草堂后面传出一阵吟诗声，还伴随着爽朗的笑声。杜少陵一定在那里。并步而趋，转过茅屋入竹林，人无踪溪如故。探头溪水，再陷沉思：

杜甫"诗圣"之美誉，如这流淌的清澈溪水，它源自何方？

源自他推己及人、心忧天下的胸襟。"入门闻号啕，幼子饥已卒"，切肤之痛让他心忧百姓，"吾宁舍一哀，里巷亦呜咽"。

源自他忠君爱国，矢志不渝的坚贞。"致君尧舜上，再使风俗淳"，他视君王如"太阳"，视己如向日葵，逃出叛军的魔掌，未先回家而是直奔凤翔，但求尽忠。

源于他关注国家，洞察世事。他在《兵车行》中透过现象剖析了时弊所在："归来头白还戍边"——征兵制度有问题，"千村万落生荆杞"——穷兵黩武使农业受损，"县官急索租，租税从何出"——征兵还征税，百姓无力负担，"新鬼烦冤旧鬼哭"——非正义战争，导致家破人亡。

源于关爱妻儿，不离不弃。"却看妻子愁何在"，"稚子敲针作钓钩"，自己的喜怒哀乐都与妻儿共分享，同甘共苦的岁月有别样的情致。

无怪乎有人如此评说，"以饥寒之身永怀济世之志，处穷困之境而无厌世之思，先天下之忧而忧，后天下之乐而乐。这位以忧国忧民为己任的诗界才子，为后世树立了一面高风亮节的人格标旗。"

目送杜甫远去的背影，我们哀叹杜甫坎坷崎岖的一生，又庆幸杜甫的幸运。"作为诗人的杜甫终生远离权力中心的旋涡，这使得他有足够的自由去审视平民眼中的世界，有机会去放眼田园的风光，如此沉郁感人的诗篇才得以流传于世。"

在这个秋夜，我们同"草堂"一同沉眠，耳畔的溪水清风还诉说着"三吏"、"三别"的现实主义之音，回响着"富贵于我如浮云"的袅袅余音。

这溪水灌入南河，流进岷江，汇入长江，直至东海，把鲁迅先生曾经用来夸赞杜甫的"民族脊梁"一语，形象地抒写开来。

芳墨半纸　情动一世

吴馨怡

我读《自京赴奉先县咏怀五百字》，感觉到了杜甫心怀天下、忧国忧民的伟大情怀。他以叙事为主，却在叙事中处处抒发自己心中感慨。开篇，"白首甘契阔"、"穷年忧黎元"，杜甫就算发鬓尽白，也甘愿舍己为民，他时时刻刻为老百姓发愁、叹息，足以显其忧民之思。同时，他也表明自己像向日葵朝向太阳那般，心向君主，心向国家。"以兹误生理，独耻事干谒"，将士有将士的飒爽英姿，诗人也有诗人的高风傲骨，杜甫不愿对当朝只为谋求私利的"蝼蚁辈"屈膝，无奈落得个穷愁潦倒之境，怀才不遇之悲。可他依旧舍弃"潇洒送明月"，即使借酒消愁，放歌破愁，也坚持心中的那份操守，愿如百丈长鲸，心怀大志，遨游江海。

接下来，我便在强烈的对比之中感觉到了杜甫心中的悲愤与控诉。诗人寓情于景，一边是"霜严衣带断，指直不得结"的严寒霜冻，一边是"瑶池气郁律，羽林相摩戛"的氤氲暖气；一边是"鞭挞其夫家，聚敛贡城阙"的残忍掠夺，一边是"君臣留欢娱，乐动殷胶葛"的阔气挥霍。天寒地冻，百姓衣不蔽体食不果腹，生活万般艰难，而达官贵族却是过得好不惬意自在。"神仙"、"玉质"、"貂鼠裘"、"驼蹄羹"，杜甫的细致描写无不透露出当时当权者生活之奢靡。所以，杜甫心中的悲痛与愤恨达到了极点，咏出千古名句——"朱门酒肉臭，路有冻死骨"。富贵人家酒肉飘香，而大路上的寒骨又有谁去埋葬？在强烈的对比和强烈的画面感中，杜甫对百姓的哀怜，对统治者的控诉，似隔着千年时空，向我袭来。

杜甫诗歌沉郁顿挫的风格在这首诗里体现得尤为突出，前一部分抒写心中万般悲愤，画面一转，写诗人北去。情绪缓和之际，不料踏入家门，却又是一次情感的剧烈波动。难得探望一次妻儿，没想到一进门便是号啕的哭声，"幼子饥已卒"，自己的小儿子竟被活活饿死！心中的悲痛夹杂着无限的自责，感情再次上升到极处。在自己的悲惨遭遇下，诗人想到，自己是个官儿，尚且如此，何况那些普通人家，生活岂不更是艰辛。杜甫在诗的最后，以自己的经历，以点及面，表现了当时社会民不聊生的惨状。

杜甫这首诗彰显忧国忧民之思，以描写作铺垫，将叙事与抒情相结合，将情感一步步升华，表达出心中强烈的悲愤之情。整首诗忠君、怜民、控诉现实、怀才不遇等复杂的情感错综相交，又运用了对比、寓情于景、以点及面等手法，描绘出晚唐民不聊生而达官贵族贪图享乐、生活奢靡的残卷，预言了唐朝昔年的盛世繁华最终将一步步走向覆灭。

曲水簪花曳帐中丽人骄
——读《丽人行》
龙 莹

《丽人行》明明是主写杨氏兄妹，却全诗未曾出现他们的外貌描写，也未曾直接描写他们高不可攀的权势，甚至没有一字提到皇帝对他们的态度，但全篇没有一字不是对他们的鞭挞。全诗采用了大量的侧面描写，且始终不发言评论，只是用一个个细节来陈述一个糜烂的生活场景。

三月三日，正值上巳节，繁华长安的繁华曲水池边一派繁华丽景，全诗开篇就是一曲莺燕之音，点出时间与地点。顺着池畔，肌细肉匀，态浓香艳的丽影闪动，灿金、翠玉、锦绣、轻罗，杜甫用精致的笔墨一点点细描，一个个可人的倩影越来越明晰。诗人似嫌如此刻画不尽意，再用两组设问，将丽姬们从头到脚的各种奢华强调了一番。正当读者感慨如此精美奢华的行头是多么气派时，才发现，这不过是对一群侍女的外貌描写，不禁有一丝错愕，继而又联想到，仆尚如此，其主不知将如何灼眼！这是第一个侧面描写，自然地引出对主人公外貌以及地位的遐想。

大量的铺垫只为衬托主角秦、虢两位国夫人，镜头从彩云团簇的曲水池畔转入室内。釜是翠金釜，盘是水晶盘，诗歌没有直陈菜肴之精，海味之鲜，只提红酥手执箸不动，只叹庖丁挥刀无功，却从侧面将两国夫人的饮食用品的豪华奢侈，以及她们的骄奢之气彰显得淋漓尽致；并且将皇帝对两位国夫人的宠爱，在夫人们执箸却因吃腻这些山珍海味而迟迟不动的动作描写上流泄而出。讽刺与冷笑在此弥漫！

接着诗人用夸张的手法描写宴会上丝竹奢靡之音，好一派莺歌燕舞的热闹之景，又一个侧面描写，只为彰显杨氏兄妹得宠后门前的车水马龙，附势之辈的络绎不绝。无奈、愤然之情在字间不住地跳动。然后诗人引用北魏胡太后与杨白花的故事和青鸟传书的典故，暗刺杨氏兄妹骄纵荒淫的生活，含蓄又一针见血地直击当权者的软肋。最后进行点题，改议论抒情句为祈使句，既幽默地将事实陈述出，又将讽刺进行到底。全文虽以抨击杨氏兄妹的豪奢生活为主，却从字里行间透露出杜甫对世风日下的大唐盛世的深深担忧之情！

草堂一鹗是吾师

侯 瑶

吟诵"穷年忧黎元，叹息肠内热"的，是他；吟诵"会当凌绝顶，一览众山小"的，是他；吟诵"安得广厦千万间，大庇天下寒士俱欢颜"的，是他；"明日隔山岳，世事两茫茫"的，也是他。他，便是我眼中的诗圣杜甫。

《史记·陈涉世家》中曾云：燕雀安知鸿鹄之志哉！意思是麻雀怎么能知道鸿鹄的远大志向呢。同理，平凡的现代人又哪里知道诗圣杜甫的志向呢？

杜甫，字子美，在中国古典诗歌的地位很高，人们都尊称他为诗圣。

唐玄宗先天元年(712)他生于河南巩县。从小生活在封建官僚世族的他，聪明好学，饱读诗书。开元年间，他过着无忧无虑的生活，游历着祖国的壮丽河山，吟诵出"会当凌绝顶，一览众山小"的千古绝句。这个时候的他，是浪漫的，是幸福的。

可安史之乱的发生，改变了这一切。人民陷于水深火热之中，战乱频频，杜甫也经历着"寂寞天宝后，园庐但蒿藜。我里百余家，世乱各东西"的无家可归的窘况。

慢慢地，他开始变成一个现实主义诗人，用他的诗句为人民发声。"戎马关山北，凭轩涕泗流"，让我们感动，"出师未捷身先死，长使英雄泪满襟"，让我们钦佩，"却看妻子愁何在，漫卷诗书喜欲狂"，也让我们激动。他渴望着"安得广厦千万间，大庇天下寒士俱欢颜"的承平生活，感叹着这世间"无边落木萧萧下，不尽长江滚滚来"的悲凉，心怀着"三顾频烦天下计，两朝开济老臣心"的壮志。他，默默无闻，无私奉献，忧国忧民。

他将人民的疾苦用诗歌表达出来，成了绝世之作。他的七言律诗，带着浓厚的政治色彩。他以笔做武器，抨击着社会的不公与黑暗。他的诗篇，从此千古传诵。

何言吾师？年少好学的他让我们学会奋发拼搏；仕途不顺历尽坎坷的他，让我们读懂为民为国的仁爱博大；漂泊流浪、长逝江舟的他，让我们有忧患意识。他以天下为己任，让我们明白何为"先天下之忧而忧，后天下之乐而乐"。

此时，我眼前又闪现出在杜甫草堂看到的一副对联，那是郭沫若先生为杜甫写下的："世上疮痍，诗中圣哲；民间疾苦，笔底波澜。"

草堂一鸽是吾师。

附录

自我检测与评价

为了更好地开展专题学习，在专题学习启动阶段先做一个自我检测，找好基点，明确学习发展的目标和空间。

（一）检测

1. 请完成下面的多项选择题。

（1）关于杜甫的表述正确的选项有（　　）

A. 杜甫经历了唐朝由盛转衰的历史，他的诗反映了这一特定时期的社会风貌。

B. 杜甫推崇儒家的"仁政"思想，具有"致君尧舜上，再使风俗淳"的宏伟抱负。

C. 杜甫因不满朝廷的腐败，多次请求外放湖州刺史，在此期间写了大量的诗作。

D. 杜甫是位伟大的现实主义诗人，被后人称为"诗圣"，他的诗被称为"诗史"。

（2）对杜甫诗歌风格特点的表述，你赞成的观点有（　　）

A. 杜甫的诗歌在语言上具有"沉郁"的特点，讲究炼字炼句。

B. 杜诗具有炼字精到、对仗工整的特点，符合中国诗歌的"建筑美"。

C. 杜甫的诗歌在意象的选择上，恣肆变化；所表现的对象既有自然景观，又有普通百姓，还有权贵势力。

D. 多数人认为，杜甫诗歌语言平淡，感情真挚，以表现苦难为主，形象鲜明。

（3）关于杜甫诗歌内容和思想的表述，你赞成的观点有（　　）

A. 虽然杜甫是个现实主义诗人，但他也有狂放不羁的一面，从其《望岳》和《饮中八仙歌》中不难看出杜甫的豪气干云。

B. 杜诗大多反映当时的社会面貌，很多作品描述民间疾苦，抒发悲天悯人的忧国忧民情怀。

C. 杜甫在生活上历经艰苦，四处漂泊。但在他的诗中，总能感受到他对国家安危和人民疾苦的关怀。

D. 安史之乱中，杜甫的诗大力揭露兵役的黑暗，表达对人民的同情，极力反对统治者征发百姓参战。

2. 请阅读下面这首诗，回答后面的问题，对自己鉴赏诗歌的能力进行评价。

旅夜书怀

杜 甫

细草微风岸，危樯独夜舟。

星垂平野阔，月涌大江流。

名岂文章著，官应老病休。

飘飘何所似，天地一沙鸥。

(1)怎样理解"名岂文章著，官应老病休"所蕴含的深意？

(2)诗的颔联，历来为人们所称道，请加以赏析。

(二)评价

1. 请根据第 1 题的参考答案(1)ABD，(2)ABC，(3)ABC，在表 5 中用"√"给自己做一个评价，并结合你对杜甫的了解，提出你想持续探究的关于杜甫的问题。

表 5 杜甫及其诗歌知识自我评价表

知识点	自我评价			
	不知道	知道一点	知道但较模糊	知道较多
杜甫的生平				
杜诗的风格				
杜诗的内容				
我想探究的问题				

2. 下面是关于第 2 题的两个问题的分析，请阅读后完成表 6。然后，分析自己鉴赏诗歌能力的提升空间。

第(1)题

能力要求：理解关键句的含义。

参考示例：诗人一向有报国之志，但长期不能施展，声名竟因文章而著，这根本不是他的心愿，休官也不是因为年老多病，而是因受到排挤。这两句诗是反语，意思含蓄，揭示出政治上的失意是他漂泊孤寂的根本原因，表现出诗人心中的不平。

能力阶梯评价要点：

初级：只能用现代汉语说出诗句的字面意思，不能揭示深意。

中级：能由表及里，分析出诗人心中的不平。

高级：能结合杜甫的人生经历，分析出杜甫心中不平是因为政治上的失意，壮志难酬。

第(2)题

能力要求：鉴赏评价语言、表达技巧和思想情感的能力。

参考示例："垂"字形象地描绘了遥望原野，天边的星宿也仿佛下垂得接近地面的画面，表现出原野的广阔；"涌"字生动地描绘出大江之中，江水浩浩荡荡东流，一轮明月映照在江水中，随着江水的涌动而浮荡的场面。诗人以乐景写哀情，用辽阔的平野、浩荡的大江、灿烂的星月反衬出他孤苦伶仃的形象和漂泊的凄凉之感。

能力阶梯评价要点：

初级：只能从炼字的角度进行评价或从"反衬"的角度进行评价。

中级：能从炼字的角度和"反衬"的角度进行评价，但语言不够规范、流畅。

高级：能从炼字的角度和"反衬"的角度进行评价，而且语言规范、流畅。

表6　诗歌鉴赏能力提升空间分析表

鉴赏评价角度	提升空间
关键句的含义	
语言	
表达技巧	
思想情感	
关于诗词赏析的疑惑	

半师半友半知己

（代后记）

这些天我们正在等待《草堂一鹗是吾师——杜甫诗歌专题》的面世，它是我最感兴趣的课题成果，我和同伴们很认真地做着一项项研究工作，比十月怀胎还艰辛，时不时请人"助产"，"接生婆"当然是第一、第二届丘小云工作室的成员，我们都很激动！

近五年，我认为我做过的最有价值的是建立了一个研修共同体（丘小云教育工作室），做了一个市级课题，带了一支骨干教师队伍。

这个研修共同体，是课程开发研修共同体，以丘小云教育工作室为平台，以课题研究为载体，以实践摸索为路径，通过"1＋12＋N"（1 位名师＋12 位研究学员＋N 个学员引领的帮扶对象）模式，充分整合优质资源，促进区域语文科研骨干教师队伍专业水平提高。这个研修共同体，还以学生共同感兴趣的问题或任务为核心，组建学生研究性学习共同体。师生两个共同体成员之间互相支撑、互相依伴、互相欣赏、互相依靠，并为共同体所影响，以探究、交流和协作的研修方式，开展协商、承担责任，讨论问题、共同决定、多方合作。研修共同体强调组织的共同愿景，营造资源共享、相互借鉴、协同研究、共同发展的团队文化。大家共同上研究课、出书、申奖。

丘小云教育工作室的老师发展得很好。2012 年以来，大家都有了喜人的进步，刘晓英成了特级教师，在《中学语文》发了两篇文章。欧苡成了"市优青"，市优秀班主任。王永成为学科带头人，成功申报了国家规化办课题。蔡嘉伟成了区拔尖人才，他写的调查报告获得省二等奖。苏小红评为区最美女教师，她主持的全国教育学会课题结题。杨金增成为区教研员，带领三十六中多次获市课题奖。庄立的巴金专题做得真好，兼职区科研室主任时的工作计划性、主动性令我印象深刻。吕金铭成为年级组长，教学研究进步很大，层进式研究课效果很好。刘清华、董彩霞、朱莉从不懂科研到成长为学校课题领头人。罗小维、赖晓红两位教研员像竹子拔节样成长。数学老师杨金增、苏晓红，历史老师也和我们语文老师跨科研究，我自己则成为正高级教师。

我们的团队，编写了教师用书《专题阅读——中学语文选修》，已由四川大学出版社出版，还编写了这本师生共同使用的书《草堂一鹊是吾师——杜甫诗歌专题》。在这本书里，大家贡献着智慧，我和庄立老师编写专题准备部分，王永、蔡嘉伟、庄立等老师编写了专题评价部分，吕金铭老师提供参考资料，专题实施这一主体部分由以下老师编写：

第一课段　初读诗歌，生成问题（刘晓英）

第二课段　自读传记，知人论世（丘小云　赖晓红）

第三课段　研读评论，鉴赏诗歌（丘小云　欧苋）

第四课段　比较阅读，品读风格（朱莉　蔡嘉伟）

第五课段　班级交流，成果展示（刘晓英）

第六课段　写作实践，个性表达（丘小云　刘清华）

这两本书我们改了二十七稿！一点点构思，一次次课堂验证，一次次反思讨论，一次次优化完善，这样做下来，大家学会了科学严谨，学会了合作，学会了听不同的声音，学会了讨论时聚焦主题，学会了查资料，学会了理性思考和逻辑性……

我们开发了"语文专题阅读选修课程"。我们提出专题阅读课程的核心主张——"阅读点亮生活，自主提升能力，语言与思想、思维共生"。我们探索了"六环节八课型"的专题阅读教学，形成了"初读质疑—独立阅读—分组研读—比读思辨—班级交流—表达创造"六个专题阅读教学环节，形成了"自读质疑、泛读导引、原著研读、互文比读、自由阅读、阅读欣赏、阅读汇报、定向写作"八种基本课型。在课程中，问题生发于自主阅读，思维发展于独立思考，真情激荡于探究研讨，思想升华于比读思辨，创新实施于自由表达，最终实现语言与思想、思维共生。

大家成为彼此的老师、朋友、知己，你中有我，我中有你。我想起《半字诗》中的诗句"半师半友半知己，半慕半尊半倾心"，就用"半师半友半知己"为此文标题吧，再用一个字作结——值！

丘小云